CULTURA

Waldenyr Caldas

CULTURA

5ª edição
revista e atualizada

São Paulo
2008

© Waldenyr Caldas, 2007

1ª Edição, Global Editora, 1986
5ª Edição, Global Editora, 2008

*Este livro integrou, até a 3ª edição,
a coleção Cadernos de Educação Política,
também desta Editora.*

Diretor Editorial
Jefferson L. Alves

Gerente de Produção
Flávio Samuel

Coordenadora Editorial
Rita de Cássia Sam

Revisão
Mirtes Leal
Luicy Caetano

Capa e Projeto Gráfico
Christiane Wagner

Dados Internacionais de Catalogação na Publicação (CIP)
(Câmara Brasileira do Livro, SP, Brasil)

Caldas, Waldenyr
    Cultura / Waldenyr Caldas — 5. ed. — São Paulo : Global, 2008.
— (Coleção Para Entender)

Bibliografia.
ISBN 978-85-260-1261-5

1. Cultura   2. Cultura - História   I. Título. II. Série.

08-00059   CDD-306.4

Índices para catálogo sistemático:
1. Cultura : Sociologia   306.4

Direitos Reservados

**GLOBAL EDITORA E
DISTRIBUIDORA LTDA.**

Rua Pirapitingüi, 111 – Liberdade
CEP 01508-020 – São Paulo – SP
Tel.: (11) 3277-7999 – Fax: (11) 3277-8141
e-mail: global@globaleditora.com.br
www.globaleditora.com.br

Colabore com a produção científica e cultural.
Proibida a reprodução total ou parcial desta obra
sem a autorização do editor.

Nº DE CATÁLOGO: **1672**

*Para Christiane,
com meu amor*

*A cultura é indefinível,
mas é também a única obra
eterna do homem.*

Waldenyr Caldas é professor da ECA – Escola de Comunicações e Artes da Universidade de São Paulo – USP, onde leciona a cadeira Realidade Socioeconômica e Política Brasileira. Foi professor da Universidade Joseph Fourier em Grenoble e realizou pós-doutorado na Universidade La Sapienza di Roma.

De sua autoria estão publicados os livros: *Acorde na aurora*, *Iniciação à música popular brasileira*, *Literatura da cultura de massa*, *Temas da cultura de massa*, *Uma utopia do gosto*, *Cultura de massa e política de comunicações*, *Luz neon: canção e cultura na cidade* e *A cultura político-musical brasileira*, entre outros, além de ensaios sociológicos sobre a cultura brasileira.

Sumário

	Apresentação	11
I.	Conceito de cultura	13
II.	O Estado, o poder e a cultura	35
III.	A cultura científica	45
IV.	A cultura erudita	77
V.	A cultura popular	81
VI.	A cultura de massa	95
VII.	Globalização da cultura ou cultura da globalização?	109
	Bibliografia	125

Desenho de Christiane Wagner.

Apresentação

Certamente, a mais antiga e mais recente obra do homem é a cultura. Desde que existe como espécie até o estágio atual, ele jamais deixou de produzir. O uso das cavernas para abrigar-se das intempéries climáticas, os desenhos e pinturas feitos nas paredes desses abrigos, a fabricação de ferramentas primitivas, a descoberta de um pedaço de madeira como arma, o cultivo do solo para alimentar-se, a produção industrial automatizada, a construção de grandes edifícios, de antigas pirâmides, a realização de uma grande obra literária, a nave que vai ao espaço, o coração, o rim, o fígado e a córnea transplantados, a criação da democracia, o telefone, a televisão e o livro são algumas das realizações do homem. Tudo isso é cultura. A pornografia e a religião são, também, produtos da cultura humana.

Só o sentimento não é uma criação do homem. É algo inato nele. Mesmo assim, há diversas formas de manifestar um sentimento. A vida e a morte são celebradas de formas diferentes de uma civilização para outra. O beijo na boca tem significados diversos – em alguns lugares ele tem a função de demonstrar o amor do homem pela mulher ou vice-versa; entre a população primitiva dos trobiandeses significa respeito, gratidão e admiração.

A cultura, enfim, é indefinível. Mas é a única obra perene do homem. Sem essa grande obra, o que seríamos? Não é possível imaginarmos nosso destino. Por isso, viva a bússola, viva a escrita e viva o papel, o telefone e, mais contemporaneamente, viva a Internet, que diminuiu as distâncias e mudou a geografia do mundo extinguindo fronteiras e permitindo o contato instantâneo. Eles orientaram o homem para o caminho certo: o caminho da comunicação. Nesse caso, viva o gesto também. Enfim, que viva o homem, para continuar criando sua obra eterna: a cultura.

Nas páginas seguintes você encontrará uma discussão sobre a cultura. No primeiro capítulo, aparece o conceito de cultura, cujo objetivo é introduzir o leitor ao tema, para familiarizá-lo e, posteriormente, apresentar as inquietudes das culturas científica, erudita, popular e de massa.

Meu objetivo é apresentar algumas questões sobre a produção e o consumo da cultura em determinadas situações e momentos históricos. Ao mesmo tempo, instigar as pessoas que lerem este livro a posteriores pesquisas e debates sobre o tema.

São Paulo, outubro de 2007

I. Conceito de cultura

O termo cultura possui hoje diversos conceitos. Para se ter uma idéia da sua abrangência, estudiosos de diferentes áreas do conhecimento, como a Antropologia, a Sociologia e a Psicologia, por exemplo, já dedicaram parte do seu trabalho ao estudo específico do termo sem, no entanto, chegarem a um consenso. Originalmente, essa expressão vem do latim – *colere* – e significa cultivar. Com os romanos, na Antigüidade, a palavra cultura foi usada pela primeira vez no sentido de destacar a educação aprimorada de uma pessoa, seu interesse pelas artes, pela ciência, pela filosofia, enfim, por tudo aquilo que o homem vem produzindo ao longo da sua história. Nesse aspecto, a abrangência do termo tornou-se, de lá até nossos dias, cada vez maior, sendo aplicado nas mais diversas situações, ou seja, para o plantio de um produto agrícola, o cultivo da pesca, a criação de animais etc., até o trabalho científico podemos aplicar o termo cultura.

Apenas para ilustrar, quero registrar que, no *Novo Dicionário da Língua Portuguesa*, de Aurélio Buarque de Holanda Ferreira, aparecem nada menos que oito conceitos diferentes de cultura. De todos, vale a pena destacar o terceiro, que parece ser o mais abrangente e o mais completo – cultura é: o complexo dos padrões de comportamento, das crenças, das instituições e doutros valores espirituais e materiais transmitidos coletivamente e característicos de uma sociedade; civilização: a cultura ocidental; a cultura dos esquimós. Já o antropólogo Clifford Geertz apresenta um conceito mais complexo e elaborado, levando-nos a reflexões certamente mais precisas. Para ele, "a cultura é mais bem vista não como complexos padrões concretos de comportamento – costumes, usos, tradições, feixes de hábitos –, como tem sido o caso até agora, mas como um conjunto de mecanismos de controle – planos, receitas, regras, instruções (o que os engenheiros de computação chamam 'programas') – para governar o comportamento".

Assim, e conforme o conceito acima, o que podemos entender por cultura? Cultura, quando aplicada ao nosso estilo de vida, ao convívio social, nada tem a ver com a leitura de um livro ou aprender a tocar um instrumento, por exemplo. Na realidade, o trabalho do antropólogo, estudioso da cultura humana, começa pela investigação de culturas, ou seja, pelo modo de vida, padrões de comportamento, sistema de crenças característicos de cada sociedade. Noutras palavras, pode-se dizer que nenhuma sociedade, nenhum povo, seja ele atrasado ou desenvolvido, primitivo ou civilizado, jamais agirá de forma idêntica à dos demais. Poderá haver, isto sim, algumas semelhanças. O monoteísmo, por exemplo, torna semelhantes as sociedades, os povos que acreditam em um só deus. Mas assemelha-os, apenas. A forma de cultuar esse deus, seu significado, o que ele representa, enfim, todo o sistema de crenças é diferente de um povo para outro.

Por outro lado, claro, é impossível descrever todos os tipos de conduta que formam uma cultura. E, nesse caso, a nossa sociedade é um exemplo muito rico, embora haja tantos outros, como a Índia, onde na mesma área geográfica encontramos diversas seitas, religiões, usos e costumes diferentes.

No Brasil, as mesmas formas de conduta e os padrões culturais mudam nitidamente de uma região para

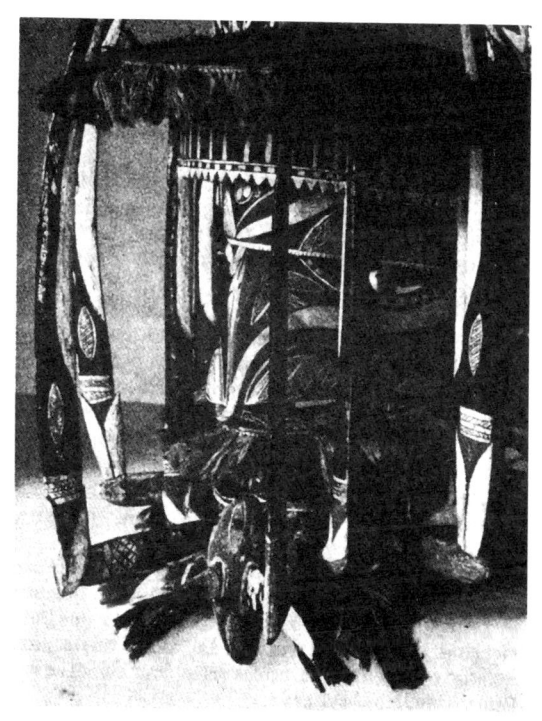

Pintura em objetos pelos aborígines da Ilha de Bismarck.

outra, embora formalmente haja unidade cultural determinada principalmente pela unicidade do idioma português e da religião católica apostólica romana. Na prática, porém, a situação é outra. Há uma cultura regional no Norte do nosso país, que bem caracteriza o estilo de vida do homem da Amazônia e o diferencia dos habitantes do Sudeste e do Sul.

Não bastassem os usos e costumes diferentes, o nortista (assim como o gaúcho e o nordestino) criou algumas expressões que lhes são próprias. A palavra *baitola*, por exemplo, não é usada nem conhecida no Sudeste e no Sul do Brasil. O significado correlato dessa expressão nessas regiões é "bicha", ou seja, o homossexual. Assim, todo "bicha" no Sudeste do país será "baitola" no Norte. Há ainda casos em que a expressão adquire significado diferente. É o que acontece com a palavra *palhaço*. Enquanto no Sudeste e no Sul ela é sistematicamente usada para xingar, dirigir insultos, no Norte ela mantém apenas o significado original, ou seja, o artista de circo que faz rir. Curioso notar que, nesse caso, a pessoa a quem foi dirigida a expressão fica até lisonjeada e orgulhosa por ter sido comparada a um artista. Deve-se registrar, ainda, que situações idênticas se repetem em outras regiões brasileiras. O caso Norte/Sudeste/Sul serviu apenas de exemplo.

O fato significativo, no entanto, é sabermos que jamais encontraremos duas comunidades com culturas iguais. É preciso notar que a sociedade é formada por um contingente organizado de pessoas, regidas pelo mesmo conjunto de normas e leis, que de alguma forma aprenderam a viver e a trabalhar juntas para a própria manutenção dessa sociedade. Uma cultura, de outro modo, é também um grupo organizado de padrões culturais, normas, crenças, leis naturais, convenções, entre outras coisas, em constante processo de transformações. Assim, apesar da inter-relação cultura e sociedade ser muito estreita e ininterrupta, de serem mesmo imprescindíveis uma à outra, temos de ter sempre em mente o seguinte aspecto: são duas coisas distintas que apresentam dinâmicas diferentes.

Nesses termos, é claro, nada impede, por exemplo, que a sociedade brasileira tenha uma cultura que abranja todo o seu território e, ao mesmo tempo, coexista com essa cultura em nível nacional uma outra regional. Até porque a própria dinâmica da cultura, seu processo de transformação, permite, ao longo do curso da sua história, a aquisição de novos elementos e o abandono (quase sempre por desuso) de outros. Esse fenômeno é universal e tem influências no folclore de qualquer sociedade. Com o advento dos veículos de comunicação de massa, vamos notar que esse processo, em parte, tende a homogeneizar-se. Sobre a cultura de massa trataremos mais adiante.

É preciso agora darmos atenção especial a um aspecto: os padrões de conduta, que os antropólogos preferem chamar de padrões culturais. De início, uma questão já se faz necessária: que padrões são esses? Trata-se de normas, regras, leis, convenções, condutas e um conjunto de valores que o indivíduo deverá respeitar e obedecer para manter o equilíbrio e o funcionamento normal da sociedade. Os padrões culturais são ainda "formas relativamente homogêneas e socialmente aceitas de pensamentos, sentimentos e ações, assim como objetos materiais que lhes são correlatos. Um padrão cultural resulta de interação social e exerce função de conservar uma forma de organização social.

Cada sociedade ou grupo possui sanções específicas para prevenir ou punir desvios de seus padrões culturais. Os mais numerosos e funcionalmente mais importantes padrões de toda a cultura são os padrões de comportamento dos indivíduos de um dado grupo social maior".[1]

Assim, por exemplo, não poderíamos circular nus pelas ruas e avenidas de uma cidade. Se o fizéssemos, estaríamos infringindo normas de conduta, regras, leis, convenções e, sobretudo, ferindo os costumes e a moral estabelecida em sociedade quando o Estado criou as leis para a organização social. Da mesma forma, não podemos agredir ou praticar qualquer tipo de violência contra o cidadão, sua liberdade, a economia do Estado e a democracia, entre outras coisas. São valores fundamentais para que o indivíduo viva numa sociedade onde prevaleça a interação social e o equilíbrio do Estado.

Pois bem, sem os padrões culturais, nenhuma sociedade, seja ela primitiva ou civilizada, teria chances de funcionar ou sobreviver. Não basta apenas respeitá-los; é necessário perpetuá-los. O sistema de organização de uma sociedade, ou seja, estrutura e organização social, que são, na verdade, parte integrante da sua cultura, estaria seriamente comprometido se os padrões culturais não fossem passados de uma geração para outra. Sem cultura não haveria sistemas sociais da espécie humana e, conseqüentemente, o homem estaria impossibilitado de criar sua sociedade.

---

1. *Dicionário de Sociologia*. Porto Alegre: Globo, 1970.

A cultura humana e a vida social

Quero, ainda, acrescentar que os padrões culturais incluem as mais variadas formas de conduta. Ao mesmo tempo, no entanto, todas elas apresentam pontos comuns que vão caracterizar o comportamento do homem em sociedade. Assim, apesar de haver um infinito número de opções, o indivíduo, para reagir diante de determinada situação, age de forma idêntica à da maior parte das pessoas. Um exemplo, nesse caso, ajuda a compreensão do problema. Na nossa sociedade, desde cedo, os pais ensinam aos seus filhos homens que devem brincar apenas com outras crianças do mesmo sexo. A recíproca é verdadeira. As crianças mulheres não devem brincar com os homens. Enquanto a bola de futebol constitui o símbolo da masculinidade (mulher não deve jogar futebol), a boneca representa toda a feminilidade, toda a "fragilidade" que deve sempre acompanhar a mulher. Se, por acaso, os pais deixam seu filho brincar com mulheres, ou vice-versa, é motivo suficiente para que a comunidade os censure e os veja como pessoas estranhas e esquisitas. Isso porque a aceitação por parte dos pais na inversão dos parceiros de brincadeira dos seus filhos fere um valor moral da sociedade. Ao mesmo tempo, a brincadeira entre crianças do mesmo sexo é o consenso, é o padrão cultural que foi devidamente obedecido. Convém registrar, no entanto, que esses valores têm mudado ao longo do tempo. A sociedade é dinâmica e como tal, claro, passível de renovações e transformações. A bola de futebol, embora continue representando um símbolo de masculinidade, já é também parte integrante do universo das mulheres. Não por acaso, o futebol feminino tem-se desenvolvido muito rapidamente em todo o mundo.

É natural que isso ocorra. Afinal a dinâmica social cria, substitui e preserva os valores e padrões que transformam, a todo o momento, a cultura vivida no cotidiano.

Nesse caso, como em outros, a instituição familiar desempenha, sem dúvida, papel de vital importância na preservação dos padrões culturais de qualquer sociedade. Cabe aos pais, naturalmente (e isso já é um valor cultural), ensinar os seus filhos a respeitar os padrões de vida na sociedade e ajustar-se a eles, uma vez que já são valores consolidados. Assim, o casamento, a constituição de nova família, a posição social, enfim, determinados valores sacralizados pela sociedade são reproduzidos de tal modo que garantam sua própria sobrevivência.

Não podemos esquecer, é bem verdade, que a cultura está em constante processo de transformação, abandonando certos elementos, adquirindo outros ao longo da sua história, de tal forma que determinadas normas de comportamento hoje aceitas e respeitadas amanhã serão consideradas obsoletas, ultrapassadas e em desuso. Como sempre ocorre, os novos valores nem sempre são unanimemente aceitos. Há uma tendência das pessoas mais velhas em resistir aos novos valores. Em contrapartida, há uma predisposição quase natural das gerações mais jovens em absorvê-los com mais facilidade, o que, seguramente, traz transformações à cultura da sociedade. A esse descompasso entre jovens e velhos os estudiosos costumam chamar de "choque de gerações". A música, a moda, as artes de modo geral e o avanço tecnológico estão entre os elementos que mais modificam a cultura, criando novas concepções, nova visão de mundo. Que se pense, por exemplo, no surgimento do *rock'n'roll* nos anos 1950. No início os jovens viveram um verdadeiro estado de êxtase, e esse ritmo revolucionaria, de fato, o comportamento da época e das gerações posteriores. Hoje, porém, depois de tantas décadas passadas, já não se fala mais, mas a primeira pirueta de uma jovem dançando o *rock'n'roll* nos anos 1950 foi também a primeira grande transgressão no tocante à moral sexual da época. Foi ainda, sem dúvida, o pontapé inicial para que toda a juventude posteriormente viesse a ser realmente dona do seu próprio corpo. No Brasil, o período do governo Juscelino Kubitschek testemunhou não só o advento da bossa-nova, mas também a explosão de toda a sensualidade dos nossos jovens, como hoje presenciamos a volúpia de um beijo na esquina, no ponto de ônibus, a bolinagem nos bares, avenidas ou em qualquer lugar. Uma situação é decorrente da outra, mas também da rejeição da juventude à repressão sexual. O tempo contou a seu favor e assim ela foi-se tornando mais libertaria e mudando alguns padrões culturais. Não apenas em relação ao seu corpo, mas em todas as suas atividades. Uma conquista de décadas que transformou sua realidade. A recusa ao controle social, a avidez por aventuras e novidades, a natural contestação às normas e padrões estabelecidos, as lutas políticas nos anos 1960 e 1970, o legado e a experiência da contracultura, o justo desejo de traçar seu próprio destino, tudo isso fez com que os jovens se tornassem mais seguros daquilo que desejam realizar. Se "o sonho acabou", como muito bem disse John Lennon, não há motivos para desencantamentos. Haverá sempre uma juventude disposta a renovar as esperanças e lutar por uma sociedade mais justa, como ela sempre desejou e reivindica em nossos dias.

    Até aqui, destaquei a relação do indivíduo com a sociedade e a cultura que produz. De certo modo está caracterizada a importância dos padrões culturais como elementos que, circunstancialmente, transformam o homem produtor de cultura em apenas reprodutor de cultura, como forma de garantir o sistema social. É certamente nesse momento que ele se torna mais passivo diante dos fatores culturais e sociais. Vale a pena, porém, destacar um outro lado da questão, talvez tão importante quanto a manutenção da sua cultura.

Apesar de quase tudo nas relações sociais convergir para a manutenção dos padrões culturais, é inegável que a individualidade do homem permanece como um organismo, uma instituição cada vez mais importante. É, sem dúvida, um elemento cuja permanência na sociedade e na cultura deve tornar-se cada vez mais profunda. É preciso notar que, embora o indivíduo integre-se muito bem em seu meio social, ele só poderá colaborar com a sociedade precisamente naquilo que dela absorveu. Mesmo assim, haverá ainda uma boa quantidade de integração social e cultural da sociedade. A individualidade, a personalidade do cidadão, vai determinar suas características pessoais, apesar de obedecer às normas e aos padrões de conduta do seu meio social.

Mesmo assim, sabemos que, por mais integrado que esteja o homem em qualquer tipo de sociedade, ele mantém suas características próprias. Nesse sentido, duas pessoas, por mais tempo que convivam e sob os mesmos padrões culturais, jamais agirão e serão exatamente iguais em seu comportamento. A personalidade e a individualidade que devem preservar não permitem uma identidade tão profunda a esse nível. Nada disso, é claro (e já vimos anteriormente), impede que até vários indivíduos reajam da mesma forma diante da mesma situação. Quando isso ocorre, porém, as causas desse comportamento homogêneo devem ser analisadas por meio da experiência que essas pessoas têm em comum.

Assim, embora o indivíduo reproduza os padrões culturais da sociedade como um todo, é fundamental que ele desenvolva também seus próprios padrões de conduta. Esse comportamento, aliás, é de extrema valia para as transformações culturais por que passa a sociedade. Foi o que aconteceu com a juventude nos anos 1950, embalada pelo *rock'n'roll* de Bill Halley e seus Cometas, Elvis Presley, Paul Anka, Chuck Berry, Little Richard e outros.

Você já pensou se todas as pessoas se limitassem apenas a reproduzir os padrões culturais estabelecidos pela sociedade? Seria bastante provável que nunca ocorresse qualquer transformação. Mas isso não existe, é impossível acontecer. Seria o mesmo que acreditar na estaticidade e não na dinamicidade da cultura.

O fato de a maior parte do comportamento humano ser dirigida por configurações organizadas, mais do que pelo próprio indivíduo na base de seus conhecimentos acumulados, da sua experiência, é da maior importância não só no tocante à cultura, mas também à personalidade. Muitas vezes, porém, as reações culturalmente padronizadas são postas de lado e substituídas pelos chamados desvios do padrão cultural. Nesse instante, o indivíduo "rompe" a barreira do previsível e passa de alguma forma a ser visto como uma pessoa de comportamento desviante. Não interessa, nesse caso, se de forma generosa, amável, grosseira ou agressiva. Nesse momento, mais importante do que suas atitudes culturalmente padronizadas, ou seja, sua conduta principal, é observar que seu comportamento secundário, desviante, é muito mais significativo para compreender sua cultura e entendê-lo como indivíduo. Posso citar aqui dois filmes clássicos conhecidos que tratam dessa questão. São eles: *O enigma de Kaspar Hauser*, de Werner Herzog, e *Um estranho no ninho*, de Milos Forman. É nas exceções e não na regra geral que mais o ser humano se permite conhecer.

Não obstante o que já vimos até aqui, cabe ainda registrar que toda sociedade, seja ela primitiva ou civilizada, desenvolve mecanismos para definir lugares ao indivíduo no seio da comunidade. Ao longo da história da humanidade, passamos do estágio de trabalhador individual para a sofisticada linha de montagem em que cada trabalhador executa sua parte, contribuindo para a elaboração do produto.

Nesse aspecto, cada um de nós passa a ter responsabilidades individuais (a nossa própria sobrevivência) e coletivas. Estas últimas, na condição de elemento produtivo que deve vender sua força de trabalho em benefício da família e do progresso econômico e social. Assim, temos de assumir papéis e deveres de acordo com sexo, idade e posição social.

Esse processo, porém, não se realiza com facilidade. A construção da identidade de cada um, o lugar que deve ocupar na sociedade dependem de fatores que vão desde as limitações econômicas, culturais, sociais etc. até as possibilidades que se lhe apresentam. A questão aqui é teórica e passa pela estratificação social, ou seja, pela divisão da sociedade em classes sociais. Ora, se a chamada classe dominante, formada por empresários, industriais, banqueiros etc., monopoliza a riqueza, é de se esperar que seu monopólio se estenda às outras atividades. Pois bem, isso realmente acontece.

Essa classe social, que os sociólogos costumam chamar de alta burguesia, domina todos os setores de atividade do homem. A Economia, a Política e a Cultura, por exemplo, são principalmente os setores onde a alta burguesia exerce seu monopólio.

CULTURA

A nós, aqui, interessa a cultura. E é dela que vamos tratar. Vale a pena começar por uma pergunta: como se efetiva essa dominação e qual seu grau de abrangência?

Já vimos, no início deste livro, que um dos mais tradicionais problemas da Antropologia é o uso do conceito de cultura. Como ele se operacionaliza e qual é sua eficácia em casos específicos. Muitos conceitos já foram citados como abstratos, imprecisos, ineficientes, insatisfatórios e, às vezes, excessivamente gerais. Essa discussão, no entanto, torna-se menos problemática e os conceitos ficam mais precisos quando se fala de cultura de classe. Assim diminuem sensivelmente as divergências entre os estudiosos do assunto. Até porque, por exemplo, desde antropólogos hoje considerados clássicos, como o polonês Bronislaw Malinowski e o francês Claude Lévi-Strauss, até os trabalhos mais recentes de Clifford Geertz, há um consenso no tocante à existência de uma cultura de classe, como registrou Karl Mannheim em seu trabalho intitulado *Sociologia da cultura*.

Em seus respectivos estudos está registrada a idéia de uma "produção simbólica" e de um "sistema de símbolos" que bem caracterizam cada classe social. Noutras palavras: além de a sociedade como um todo (englobando as classes) possuir valores e códigos culturais que lhes são próprios e específicos, existem ainda nessa mesma sociedade valores e códigos culturais que são próprios e específicos de cada classe social. Ou seja, cada uma delas possui seu sistema de símbolos particular. A cultura, então, age como se fosse um sistema de comunicação cujo código cada classe social passa a decodificar, isto é, a compreender. Cada uma das classes, por sua vez, passa a funcionar quase como uma sociedade elementar dentro de todo o sistema social.

Há várias maneiras de situar essa questão. Se já sabemos que toda classe social tende a criar seus próprios padrões culturais (valores morais, políticos, sociais, culturais, estéticos, lúdicos etc.), partilhá-los, transmiti-los e recriá-los, resta saber como se dá esse processo. É no senso comum, no cotidiano das pessoas, que vamos escolher a música como exemplo de expressão cultural de uma classe.

A chamada classe proletária, além de participar da cultura da sociedade global como um todo, possui ainda sua cultura própria ou cultura particular, como quisermos denominá-la. O gosto, por exemplo, é um dos elementos mais significativos para mostrar que as diferenciações culturais sempre se manifestam paralelamente às diferenciações sociais. No Brasil, muito antes do advento da cultura de massa, a estratificação cultural, ou seja, a divisão de culturas por classes sociais, já existia. Aliás, se pensarmos bem, podemos afirmar que sempre existiu.

Como nossa escolha, para melhor explicitar essa questão, recaiu sobre música, convém falar, ainda que rapidamente, da música sertaneja, considerada um estilo bem característico das camadas modestas da população. Assim, todo o repertório do cancioneiro sertanejo está intimamente ligado à imagem das populações periféricas, que acordam cedo para ir ao trabalho. As emissoras de rádio da cidade de São Paulo têm programas dessa modalidade musical que abrangem o país inteiro. Nesse aspecto, a música sertaneja, originalmente apenas canção do caipira paulista, tornou-se um valor estético-cultural de grande parte das populações modestas do nosso país. Hoje, como no tempo de Getúlio Vargas, os políticos se valem das duplas sertanejas (e outros recursos, é claro) para conquistar a simpatia e os votos das populações periféricas.

Ocorre, no entanto, que as origens da música sertaneja estão no meio rural, ligadas à produção econômica, ao ato de fé religioso, ao lazer e à própria integração da comunidade. Como produto cultural, ela sempre foi e continua sendo de extrema importância para manter a unidade da cultura do caipira paulista. No decorrer do tempo, é claro, com as transformações por que passou a sociedade brasileira e especialmente o Estado de São Paulo, essa música urbanizou-se, sofrendo alterações estéticas em suas formas. Essa é uma questão que trataremos no tópico referente à Cultura de Massa.

Seja como for, é inegável a profunda identidade entre a classe proletária e a música caipira, em suas origens ou urbanizada. Como valor cultural, ela varou o tempo e chega aos nossos dias sob a forma de um dos principais (senão o principal) valores da cultura caipira ou, ainda, como diz o professor Antonio Candido, da "cultura rústica" do homem rural paulista.[2]

Apesar de todo o seu prestígio no interior e na periferia das metrópoles brasileiras (e talvez por isso mesmo), essa música sempre foi vista pelos "especialistas" como um produto de qualidade inferior e muito raramente entendida em toda sua abrangência, como um valor cultural dos segmentos mais modestos da sociedade. Indiferentes às críticas, as duplas sertanejas e seu imenso público continuam fazendo a festa. Tanto no interior como na capital, os festivais e os programas sertanejos de rádio e de televisão continuam cada vez mais prestigiados e concorridos. Há, atualmente, na região da Grande São Paulo, inúmeras

---

2. Antonio Candido. *Os parceiros do rio Bonito*. São Paulo: Livraria Duas Cidades, 1977.

"Iniciativa empresarial", desenho de George Grosz.

emissoras de rádio e televisão que veiculam a música sertaneja. Elas têm uma audiência consolidada e um público fiel que tem dado grande longevidade a esses programas.

Diante desse quadro, convém pararmos um pouco para refletir sobre algumas questões. Afinal, que fenômeno é esse? Que estilo musical é esse, tantas vezes desdenhado pelos críticos, contestado pelos teóricos da comunicação de massa e que, mesmo assim, ganha mais força a cada dia?

É com esse exemplo que podemos ilustrar a questão do gosto como valor cultural específico de uma classe social. Os críticos de arte e os estudiosos da cultura (da cultura brasileira em especial, porque é nosso caso) sempre emitem parecer de valor qualitativo a respeito da produção cultural de quase tudo aquilo que se faz em sociedade. É muito comum abrirmos o jornal e encontrarmos uma crítica elogiosa ou depreciativa sobre uma peça de teatro, um filme, um disco, um show musical e até mesmo sobre a comida de um restaurante. Enfim, algo pertinente a uma obra de arte ou qualquer outro produto cultural. De alguma forma, em alguns casos com um discurso bem articulado, mas vazio, o analista da obra, quase sempre, desconhece a realidade do universo cultural onde ela foi produzida, mas precisa falar sobre sua qualidade. Essa é sua profissão. Ele analisa, compara com outros trabalhos do gênero, concorda, discorda e, finalmente, classifica-a como "boa", "razoável" ou "ruim", sem, no entanto, fornecer ao leitor as justificativas (não precisariam ser nem científicas ou teóricas) para estabelecer critérios dessa ordem. Certamente, nesses casos, o mínimo que se espera é uma orientação ao leitor não especialista, para fazê-lo efetivamente encontrar coerência nas apreciações do crítico sobre a obra. Ora, não é isso o que acontece. Ao contrário, se observarmos bem, vamos constatar que suas apreciações são de cunho inteiramente pessoal, portanto com alguns condicionantes de sua classe social. E, nesse aspecto, raramente o crítico consegue despir-se dos valores culturais da sua classe.

Uma coisa, porém, precisa ficar bem clara: não se trata de refutar as apreciações ou mesmo o seu trabalho. Trata-se, isto sim, de constatar um fato inegável: os conceitos sobre aquele produto cultural foram emitidos por um profissional que, como todos nós, traz para suas análises toda a formação e os condicionamentos recebidos no universo social a que pertence. Muitos estudiosos já analisaram profundamente essa questão.

Dos que conheço, Karl Mannheim me parece ser o mais claro e objetivo. Em seu livro *Sociologia da cultura*, ele diz que:

> As elites aristocráticas procuram criar uma "elite cultural" própria. Com isso pretendem que certos traços essenciais de sua cultura, como as formas de relação social, os passatempos, padrões de discurso, assim como várias técnicas e sistemas de conhecimento não sejam compartilhadas pelos demais.

Um pouco mais adiante, acrescenta o autor: "O discurso 'culto' dessas camadas privilegiadas as separa da plebe; essa é uma das mais importantes barreiras sociais entre as classes de uma sociedade estratificada".[3]

Não é por acaso, portanto, que o gosto se tornou um valor cultural. Não é à toa também que membros de outras classes sociais procurem se distanciar de produtos culturais da classe operária, muito embora às vezes (como é o caso da música sertaneja) até gostem de alguns deles. Claro, o distanciamento já existe na sociedade

---

3. Karl Mannheim. *Sociologia da cultura*. São Paulo: Perspectiva, 1974. p. 177.

hierarquicamente organizada e interfere também nas relações interpessoais e nas atitudes das pessoas com respeito aos objetos culturais. Assim, são poucas as pessoas da classe média, por exemplo, que admitiriam em público consumir produtos reconhecidamente da classe proletária.

A censura de classe, do seu meio social, é implacável nesse aspecto. Ela é velada e explícita ao mesmo tempo. Os objetos "inferiores" devem ser excluídos. Eles não fazem parte daquele universo social e, como tal, não devem estar ali. Quando um membro da classe média porta um objeto que na verdade faz parte do universo proletário, é comum nessas ocasiões manifestar-se o preconceito social. Alguns conceitos, por exemplo, como "mau gosto", "cafona", "baixo nível", "antiestético", "brega", entre outros, são sempre citados. As primeiras observações às vezes partem de dentro do próprio círculo íntimo da pessoa que porta o objeto. No trabalho, na roda de amigos e mesmo na vida familiar.

Naturalmente, essa atitude de rejeição de objetos culturais de uma classe social hierarquicamente inferior por uma classe superior tem suas explicações sociológicas. Explicações apenas, e não justificativas. Ora, como já vimos anteriormente, do mesmo modo que cada sociedade procura preservar seu esquema de organização por meio de leis, instituições, normas estabelecidas etc., ela o faz também mediante a estratificação social, ou seja, pela sobreposição hierárquica de uma classe social sobre a outra. E, na sociedade moderna, as diferenças de nível socioeconômico, profissões e especializações constituem os principais fatores da estratificação social.

Pois bem, mas a cultura, é claro, também segue a mesma trajetória determinada pela estratificação social. Ou seja, ela também se estratifica. Assim, cada classe social, além de reproduzir os padrões culturais da sociedade global, reproduz ainda os seus próprios, que os sociólogos costumam chamar de cultura de classe. Diante dessa questão, fazem-se necessárias algumas explicações: é de senso comum que todo cidadão deseja ascensão social e, portanto, leva uma classe hierarquicamente superior. A esse fato chamamos de "mobilidade social vertical". Muda seu *status*, sua posição social e, com eles, certamente, alguns valores da nova classe social serão absorvidos em detrimento dos valores da classe social anterior. Quando não alcança êxito, ou só o consegue parcialmente, ele procura cada vez mais uma identidade com a classe social superior à sua.

De que forma esse processo ocorre? Por meio da negação dos valores do seu universo social e da tentativa de absorver, ainda que na aparência, os valores da nova classe à qual gostaria de pertencer. Há uma frase de domínio público (aliás, já faz parte da própria cultura popular) extremamente interessante que diz o seguinte: "Você sabe com quem está falando?". Ela é usada em situações em que o cidadão precisa demonstrar ter uma autoridade que não tem, justamente para intimidar seu interlocutor ou conseguir o objetivo determinado.

O antropólogo Gilberto Velho relata uma experiência muito interessante quando pesquisou esse mesmo problema no Rio de Janeiro. Ele constatou que algumas pessoas da baixa classe média preferiam não ter casa própria, mas residir em pequenos apartamentos alugados na zona sul, em Copacabana. Isso demonstra a negação do seu verdadeiro *status* e a absorção, ainda que fictícia, de outro *status* incompatível com seu *modos vivendi* e, mais do que isso, com seu próprio *ethos* cultural.

Se quiséssemos citar outros exemplos, não faltariam. Aliás, a maior riqueza de comportamento nesse estilo está justamente no nosso cotidiano. De vez em quan-

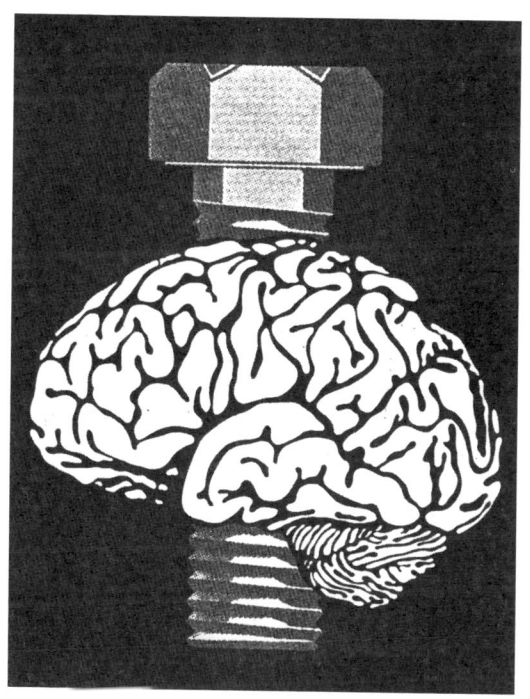

Gravura de Cláudio Tozzi, elaborada nos anos 1970, aludindo à repressão política e cultural da época, no Brasil.

do é possível presenciar uma pessoa negando seu *status* e querendo "passar-se" por uma condição social superior.

Esses casos são muito freqüentes nas grandes metrópoles, onde quase todos nós somos anônimos, o que facilita consideravelmente o "disfarce". Do mesmo modo, claro, é possível, também, testemunhar a todo o momento uma pessoa assumir sua condição social, não interessa quão inferior ela possa ser.

Importante registrar, ainda, que as "fronteiras culturais" determinadas em última instância pelo nível socioeconômico aparecem também entre indivíduos da mesma classe social. A chamada camada média baixa tipo *white collar*, por exemplo, diferencia-se da camada média alta que está mais próxima da burguesia. Se observarmos o problema, *grosso modo*, do tipo profissão, escolaridade, nível intelectual etc., podemos enganar-nos, porque os indivíduos de ambos os níveis poderiam estar inclusos na mesma categoria social; suas diferenças, no entanto, seriam caracterizadas justamente em termos do *ethos*[4] e da visão de mundo. Nesse caso (da classe média), a unidade cultural torna-se efêmera, e a cultura de classe, diversificada.

Esses dois aspectos dificultam sobremaneira ao observador ter uma noção mais apurada do *ethos* da classe média. É inegável, no entanto, que ela tem sua própria série de padrões culturais, que são partilhados e transmitidos aos seus membros, assim como toda a cultura na sociedade.

---

4. *Ethos* – costumes, hábitos tradições e estilos de vida.

II. O Estado,
o poder e a cultura

Até aqui, falamos apenas de dois aspectos: do que podemos entender por cultura e da sua importância na vida social. É necessário agora mostrar a participação do Estado na produção e na organização da cultura. Para maior identidade com a sociedade brasileira, convém falar inicialmente do Estado capitalista. Como se sabe, o sistema político do Estado socialista modifica sensivelmente toda a sociedade. Isso porque mudam as relações de produção, a estrutura social e, com elas, a própria forma de participação cultural do Estado e do indivíduo.

No Estado capitalista, a produção e o consumo da cultura obedecem *a priori* à lógica de classe e à lei da estratificação social. Noutras palavras: por mais democrática que seja a sociedade, por mais ativa que seja a participação do Estado na produção da cultura, objetivando sua democratização, existe no capitalismo a lógica de classe que estratifica, que separa o consumo da produção cultural de acordo com as classes sociais. Essa é uma lei da qual a sociedade de classes não pode prescindir. Aliás, não só no plano da cultura, mas em todos os setores da atividade humana.

Essa questão não é difícil de entender. Até porque ela tem uma lógica muito grande e uma clareza científica compreensível logo de início. Senão, vejamos: no Estado capitalista, democrático ou autoritário, tanto faz, o poder econômico pertence à classe dominante. Porém quem tem esse poder passa a ter também, por força e imposição do capital, os poderes políticos e demais forças do Estado. (Por acaso existe alguém rico e sem poder?) Portanto, a alta burguesia, ou seja, a classe social detentora desses poderes vai administrar, dirigir o Estado. É ela, portanto, quem vai estabelecer, por meio dos poderes legislativo e judiciário, as "regras do jogo", as normas de conduta para o bom andamento, para o pleno desenvolvimento da sociedade, inclusive no plano cultural. Essa classe é, assim, em última análise, a responsável pelos destinos políticos do Estado, muito embora a responsabilidade de eleger os mandatários, os políticos, caiba à sociedade global por meio do voto direto. É bem verdade que, teoricamente, na sociedade democrática, qualquer cidadão, seja ele pobre ou rico, pode candidatar-se a um cargo político a partir de certa idade. A Constituição lhe assegura esse direito. Noutros termos, tanto o operário quanto o seu patrão, o industrial, podem candidatar-se à Presidência da República. Basta que para isso tenha seu partido político.

Se na teoria isso é possível, nós vemos que na prática a situação se altera sensivelmente. Quase sempre o que ocorre é a vitória, a eleição, do político da classe dominante que investiu dinheiro na sua campanha eleitoral. Além disso, seu partido político normalmente já possui uma tradição, uma estrutura como partido, capaz de ajudá-lo a eleger-se. Esse aspecto, porém, não é exclusividade do candidato da burguesia. O candidato sem recursos financeiros pode também ser aceito por um partido de tradição e força política e até vencer a eleição. Isso porque, objetivamente, todos os partidos políticos na sociedade capitalista pretendem ser democráticos. Mas a regra geral não é essa. A prática cotidiana e o nível socioeconômico dos parlamentares justificam a exceção. Assim, poucas são as vezes em que se elege um político fora dos quadros da burguesia. Quando isso acontece (há exceções, é claro), quase sempre aquele político "esquece" suas origens sociais e passa a ter condutas cuja identidade se distancia cada vez mais do eleitorado que o elegeu. Temos alguns exemplos recentes no Brasil.

Pode ocorrer, também, que o candidato não identificado economicamente com a classe dominante, possa estar ideológica e politicamente alinhado com ela. Isso não é difícil de acontecer. E, nesse caso, nada altera o quadro político de reivindicações das outras classes sociais. Aliás, ao contrário, a alta burguesia sente-se mais forte ainda. Ela passa, então, a contar com uma força externa ao seu universo, mas, no fundo, portadora da mesma ideologia.

Afora esses aspectos, convém ainda não subestimar a importância da seguinte questão: a falta de convicção e fidelidade ideológica. Alguns políticos, antes de se eleger, possuem projetos altamente elaborados, que vão ao encontro dos interesses populares em quase todas as áreas. Até mesmo no que diz respeito à educação e à cultura. Ao se eleger, porém, seu projeto dificilmente é posto em prática. Os motivos são diversos, é claro. Sabe-se que sua execução é uma questão que não depende somente do autor do projeto. Até aí, é compreensível e não há como contestá-lo. Incompreensível, no entanto, para seu eleitor é constatar às vezes uma espécie de "metamorfose" no comportamento político do seu candidato. As certezas, as convicções e a determinação ideológica que o fizeram eleger-se subitamente são substituídas pela insegurança, pelo titubeio e até por composições políticas opostas ao seu projeto político inicial. As alianças políticas com a direita, com a esquerda ou com partidos de centro, quase sempre necessárias, terminam por frustrar não só seu projeto político, mas principalmente os eleitores daquele parlamentar.

Não se trata aqui, naturalmente, de criticar a atuação desse político. Trata-se, isto sim, de registrar essa questão, que a cada dia ganha mais importância, principalmente no cenário político brasileiro. Há muitos exemplos desse caso na história da política em nosso país. Depois de eleitos, alguns políticos tomam direções muitas vezes até opostas àquelas prometidas em campanha eleitoral. Para o alento desses políticos, seu eleitor quase sempre também não acompanha o desempenho parlamentar do candidato que ajudou a eleger. Sua ação política passa por acordos dos mais diversos, deixando as promessas à procura do voto em plano inferior. Até porque há por trás desses acordos e composições a defesa de interesses de determinados grupos (quase sempre minoritários) e até da ideologia de uma classe social pela qual não foi eleito e que não se propôs representar. Assim, o pensamento claro e verdadeiro desse político é um valor que se esvai. A possível ação eficaz do seu trabalho para ajudar a transformar a sociedade fica comprometida a partir da composição mal realizada.

As observações feitas até aqui permitem-nos compreender melhor o papel do Estado e a participação política na produção e no consumo da cultura. De início, é preciso deixar claro o seguinte: é a estrutura de classes, a organização política do Estado, o sistema econômico e os seus meios de produção que determinam a cultura. Nesses termos, não se pode imaginá-la como um fenômeno neutro, isolado. Ao contrário, é um conceito histórico, específico e ideológico. Só podemos entendê-la se pensarmos nas determinações específicas da formação social. Em qualquer sociedade, seja ela a mais simples ou a mais complexa, a cultura desenvolve-se tendo como base os níveis de sua estrutura: o econômico, o político, o educacional etc. Eles formam a totalidade das relações e das práticas sociais. Um estudo sobre cultura, necessariamente, precisa considerar o sistema econômico da sociedade, o processo histórico e a organização política do Estado. Se deixássemos de lado esses elementos, seguramente teríamos uma concepção idealista, histórica e abstrata da cultura. E, o que é pior: perceberíamos de forma apenas superficial os fatores que realmente determinam a formação cultural de uma sociedade.

E, para concluirmos este raciocínio, retomemos a questão colocada desde o início: o papel do Estado na produção e distribuição da cultura. Se observarmos bem esse aspecto, notaremos que a participação do Estado consiste, fundamentalmente, em manter o equilíbrio social tal como está. Em outros termos: por mais bem-intencionado e democrático que seja o Estado, chega certo momento em que todo seu esforço para democratizar a cultura (veremos melhor essa questão quando falarmos da cultura de massa), de torná-la acessível à sociedade como um todo, esbarra num problema insolúvel: a própria sociedade, dividida em classes sociais, não aceita a interferência do Estado nesse nível, por um motivo muito simples: a alta burguesia (não esqueçamos que ela é quem dirige o Estado), entre outras coisas monopolizadoras da cultura, não tem nenhum interesse em que seus valores culturais misturem-se aos das outras classes sociais. Ao contrário, é também pelas manifestações culturais que essa classe procura diferenciar-se ainda mais das classes média e proletária. A cultura, historicamente, tem sido sempre elemento diferenciador de classe.

Antônio Gramsci, pensador italiano, estudou a fundo essa questão, tendo como base a escola. Apesar de o seu estudo ter sido feito no início do século passado, continua atual (se pensarmos em termos de Brasil, podemos dizer que é bastante atual). A pesquisa de Gramsci nos mostra que já naquela época a educação apresentava-se dividida de acordo com o nível socioeconômico de cada classe social, criando, dessa forma, as respectivas diferenças sociais no tocante ao acesso ao conhecimento.

O grande empecilho à liberdade. O muro de Berlim em 1986.

A queda do Muro de Berlim em 9 de novembro de 1989.
A reunificação oficial da Alemanha em 3 de outubro 1990.

CULTURA

Se, por um lado, as classes dirigentes da sociedade têm pleno acesso à iniciação científica (1º e 2º graus etc.), às classes subalternas se lhes reserva aquela área do conhecimento chamada de profissionalizante. É a escola profissional, cuja participação no sistema de produção está dirigida para posições subalternas na sociedade. Trata-se de profissões técnico-profissionais. Além de menos dispendiosas e mais rápidas, elas atribuem, em curto prazo, uma especialização que permite ao profissional ingressar imediatamente no sistema de produção e, pelo menos teoricamente, suprir os problemas econômicos.

No caso brasileiro, nem sempre a decisão de ingressar em cursos técnicos parte apenas da vontade do indivíduo. Algumas vezes é uma opção forçada, uma espécie de consenso de família. Com o propósito de diminuir o déficit familiar, os pais e demais membros acabam por concluir que o curso técnico-profissional, se não é o melhor, é o caminho mais curto indicado para amenizar o déficit em médio prazo. Eu pude constatar alguns casos desses na prática. Durante as pesquisas de campo que realizei para meu livro sobre música sertaneja, encontrei jovens que faziam cursos técnicos com esse objetivo.

No Brasil, os cursos profissionalizantes são muito procurados. Algumas revistas do chamado *cast* da cultura de massa como *Veja*, *IstoÉ*, *Época*, *Placar*, *Capricho*, entre outras, trazem propagandas de instituições especializadas nesses cursos. Com o advento da Internet, os cursos por correspondência, tão comuns nos anos de 1970 e 1980, perderam sua força e a demanda já não é a mesma, muito embora eles ainda continuem a servir as regiões mais distantes dos grandes centros urbanos. Sobrevivem algumas instituições que trabalham fundamentalmente com cursos técnicos profissionalizantes.

Além dos anúncios em revistas, essas instituições escolhem ainda alguns programas radiofônicos de forte penetração entre os estratos mais modestos da população. O *Só música sertaneja*, por exemplo, da Rádio Record, é um dos mais concorridos para anunciar esses cursos. Apenas para ilustrar, vejamos os cursos mais procurados das instituições já citadas: Rádio, Televisão, Transistores, Eletricidade, Corte e Costura, Eletrotécnica, Mecânica Geral, Mecânica de Automóveis, Bordado, Torneiro Mecânico, Desenho Mecânico, Refrigeração a Ar e, evidentemente, Informática e Computação, entre tantos outros.

Essas rápidas observações ilustradas com o exemplo brasileiro vêm reforçar a teoria de Gramci. Valendo-se da escola como exemplo, esse pensador mostra que também por meio da cultura o Estado reforça as posições das respectivas classes sociais. Às classes subalternas, são dirigidos os cursos técnico-profissionalizantes como forma de eventualmente amenizar seus problemas mais imediatos. À classe dominante, reserva-se-lhe a cultura científica, a produção cultural erudita e mais sofisticada. É esta classe, precisamente, a responsável pelo desenvolvimento científico e tecnológico da sociedade. É esta classe, precisamente, a responsável pelo desenvolvimento científico e tecnológico da sociedade. Ela é, noutras palavras, monopolizadora da cultura. Ela produz a cultura científica e tecnológica nos laboratórios e nos centros de pesquisa, e a classe proletária executa os projetos com sua força de trabalho. Nessas condições, e enquanto classe dominante, ela influencia, cria padrões de comportamento e educa as classes subalternas segundo sua própria visão de mundo, seus conceitos e seus interesses.

E agora, para concluir essas observações, convém citar uma frase de Karl Marx extremamente clara e objetiva sobre o assunto. Diz ele:

> Os indivíduos que constituem a classe dominante possuem entre outras coisas uma consciência disso que pensam; à medida que dominam enquanto classe e determinam uma época histórica em toda sua extensão, é lógico que esses indivíduos dominem em todos os sentidos, que tenham, entre outras, uma posição dominante como seres pensantes, como produtores de idéias, que regulamentem a produção e a distribuição dos pensamentos da sua época; as suas idéias são, portanto, as idéias dominantes da sua época.

III. A cultura científica

Até aqui, falamos principalmente do conceito de cultura, sua abrangência e a participação do Estado na produção e distribuição da cultura na sociedade global. É hora de pensarmos o mesmo tema, agora, sob outro ângulo: o da produção da cultura científica. E, do mesmo modo que no primeiro capítulo, convém iniciarmos essa discussão com algumas indagações: O que é cultura científica? Quem a produz? Em que ela difere da cultura popular?

Ainda de acordo com o *Novo dicionário da língua portuguesa*, de Aurélio Buarque de Holanda Ferreira, científico é: "O conjunto organizado de conhecimentos relativos a um determinado objeto, especialmente obtidos mediante a observação, a experiência dos fatos e um método próprio".

Portanto, podemos dizer que a cultura científica é aquela parte do conhecimento que exige o rigor da ciência; que, em suas investigações teóricas ou empíricas, não pode prescindir do método científico. A Biologia, a Geografia, a Matemática e a Antropologia, por exemplo, são consideradas ciências. Assim, as pessoas que estudam profundamente (cientistas) precisam conhecer muito bem o método de investigação científica.

Mas, nem sempre, é claro, a cultura e o saber científico foram encarados dessa forma. Os povos da Antigüidade, como os assírios, os persas, a civilização mesopotâmica, onde se incluem os babilônicos, entre outros, não tinham essa preocupação com o rigor científico. Nem poderiam ter. A concepção das coisas e do mundo era muito diferente da de hoje. A idéia de ciência, de precisão científica, não fazia parte do universo desses povos com a mesma ênfase que se verifica em nossos dias. Mas foram eles, no entanto, que nos deixaram o grande legado da ciência. Assim, podemos registrar que o conhecimento científico é quase tão velho quanto a própria existência humana.

Se folhearmos qualquer manual de História da Ciência, vamos notar que os egípcios tiveram grande participação no desenvolvimento científico da Humanidade. Foram eles, por exemplo, os primeiros a se preocupar com a Astronomia e a Matemática de forma mais sistemática. Ambas, porém, desenvolveram-se com fins meramente práticos: prever o período de inundações do rio Nilo, uma vez que a base econômica desse povo era a agricultura e a pecuária. Assim, eles tinham como tarefa importante sistematizar e resolver os problemas de irrigação do solo, bem como planejar toda a economia tendo em vista as oscilações do tempo e da temperatura. Para que seus planos e previsões dessem certo, eles estudavam o comportamento dos astros como o Sol, a Lua e suas influências sobre a Terra. Segundo a concepção dos estudiosos egípcios daquela época, a Lua, o Sol e a Terra constantemente influenciavam-se uns aos outros.

O interesse dos egípcios pela Astronomia levou-os a algumas conquistas importantes nessa área. Eles são os responsáveis pela invenção e pelo aperfeiçoamento do calendário solar, fizeram os primeiros mapas celestes, identificaram as principais estrelas fixas e conseguiram relativo sucesso na determinação exata das posições de alguns corpos celestes. Foi também um astrônomo egípcio, Cláudio Ptolomeu, no século I da Era Cristã, o segundo homem a criar um sistema planetário. O primeiro, veremos mais tarde, foi o grego Aristarco. Segundo Ptolomeu, a Terra era o centro de todo o universo e influenciava de forma determinante o comportamento dos outros planetas. Mais tarde, seus estudos a esse respeito ficaram conhecidos como a Teoria Geocêntrica.

Na Matemática, as conquistas do povo egípcio não foram menos importantes. Foi com o aprofundamento dos estudos nessa área que eles conseguiram traçar com extrema precisão os planos centrais das pirâmides e dos templos que atravessaram o tempo e hoje são um verdadeiro patrimônio histórico e cultural da humanidade. A extrema habilidade com que desenvolveram a mensuração e calcularam as áreas dos triângulos, retângulos e hexágonos foi a responsável pelo sucesso desse empreendimento. Foi com o aprofundamento desse estudo que eles aprenderam a calcular o volume das pirâmides, do cilindro e do próprio hemisfério terrestre. O ábaco, invenção egípcia, uma espécie de precursor da máquina de calcular, foi determinante para a concretização dessas conquistas. Trata-se de um aparelho de moldura retangular, com arames, por onde correm algumas bolas. Esse instrumento era usado para realizar cálculos e para iniciar as crianças egípcias no estudo da aritmética. Não bastasse isso, foram eles que lançaram os fundamentos teóricos de duas disciplinas no campo da matemática: a Aritmética e a Geometria. Realizavam operações de soma, subtração e divisão sem, no entanto, terem conseguido uma forma de multiplicar mais prática

Ilustração anglo-normanda do ano de 1066.

do que aquela que consiste numa série de adições. Inventaram o sistema decimal, embora não tivessem criado um símbolo para zero. Eles compreendiam ainda, muito bem, a diferença entre a progressão geométrica e a aritmética.

Vale a pena registrar que a maioria dos estudos nas áreas de Astronomia e Matemática foi feito ainda no chamado Período pré-dinástico, ou seja, nos séculos que vão de 4.000 a 3.200 a.C. Outras conquistas ainda significativas foram o saneamento de terras pantanosas e a fabricação de tecidos de linho, considerada de ótima qualidade. Ainda nesse período, eles desenvolveram um sistema de leis baseado nos usos, costumes e comportamentos. A ressonância, o prestígio desse sistema foi tão grande que até o próprio faraó aceitou submeter-se a ele. As pesquisas arqueológicas dão conta de que nessa época teria surgido também o primeiro sistema de escrita. Essa questão, no entanto, não está de todo esclarecida. Ela não goza da unanimidade dos pesquisadores. Há estudiosos que admitem o aparecimento da escrita antes dessa época.

Apenas para finalizar esta primeira parte ilustrativa do desenvolvimento da cultura científica, quero citar ainda algumas conquistas dos egípcios, agora na área das ciências da saúde e, mais precisamente, na medicina. Já nos anos de 1700 a.C., a medicina desse povo revelava uma concepção surpreendente: os diagnósticos e tratamentos já tinham, por parte dos médicos, uma certa preocupação científica. O trabalho, as análises já não eram feitas de forma aleatória. Havia uma consciência no tratamento indicado. E, curiosamente, entre os médicos egípcios, encontravam-se alguns que só trabalhavam com determinada parte do corpo. Em outros termos, assemelhavam-se ao que hoje chamamos de especialistas. Oculistas, dentistas, cirurgiões, especialistas em doenças do estômago e do intestino. O fato é que, ao longo de todo esse tempo, os egípcios fizeram descobertas científicas de inestimável valor. O coração, por exemplo, passou a ser estudado como um órgão vital no corpo humano. Foram eles os primeiros a associar a pulsação com os movimentos de contração e dilatação do coração. As fraturas eram tratadas com certa habilidade e, em alguns casos, com pequenas cirurgias. Os laxantes, purgantes e o uso de numerosas drogas curativas deram aos egípcios a criação da primeira farmacopéia que se conhece. Alguns medicamentos científicos ou caseiros usados hoje pelo homem europeu de regiões isoladas são de origem egípcia e foram levados pelos gregos para esse continente.

Até aqui, abordamos apenas o despertar do grande desenvolvimento da cultura científica. É claro que as conquistas do povo egípcio não são produto de um ato isolado. Trata-se, também, do acúmulo, da soma de conhecimentos de povos anteriores. Da mesma forma que gregos e romanos herdaram parte da cultura (o termo aqui é aplicado no sentido mais amplo) egípcia, é verdade também que estes últimos herdaram ensinamentos de civilizações anteriores à sua. Se hoje a cultura científica atingiu o estágio de desenvolvimento que conhecemos, é inegável a conquista dos povos que nos antecederam. Sem eles, sem seu trabalho de pesquisa, sem suas descobertas científicas, seguramente a ciência ainda estaria no berço.

Gravura medieval do século X.

Modernamente, porém, os estudos científicos adquiriram um grau de complexidade certamente jamais imaginado por qualquer civilização anterior. Essa diversificação, aliás, ganha grande impulso ainda em fins do século XVIII e início do século XIX, com a Revolução Industrial na Inglaterra.

Nessa época, o capitalismo industrial chegava forte. Investiu dinheiro na ciência e na técnica, justamente pela necessidade de aumentar a produção industrial. De lá para cá, por imposição da sua complexidade cada vez maior, o conhecimento técnico e científico deixou de ser um trabalho individual, solitário, para se tornar cada vez mais uma atividade coletiva de cientistas altamente especializados. É bastante provável que o último cientista cuja imagem está associada ao "conhecimento pleno" das áreas da ciência seja mesmo Leornardo da Vinci (1452-1519). Arquiteto, artista plástico, matemático, músico, escultor, filósofo e inventor, esse italiano que viveu no período renascentista é reconhecido até hoje como um dos grandes cientistas da sua época.

O fato é que o desenvolvimento da cultura científica se desdobrou de tal modo que hoje é absoluta e humanamente impossível um cientista que trabalhe na área das ciências exatas ter pleno domínio de conhecimento sobre ela. Isso, no entanto, é válido para qualquer outro ramo do conhecimento científico. Eu poderia apresentar toda a complexidade e diversidade da ciência hoje, escrevendo sobre as grandes áreas e subáreas do conhecimento. Certamente iria alongar-me muito, sem conseguir a mesma eficiência de um quadro explicativo. Por esse motivo, considero mais proveitoso apresentar o quadro a seguir, elaborado por uma instituição dedicada à pesquisa científica: a Fundação de Amparo à Pesquisa do Estado de São Paulo (Fapesp), em que as explicações são claras, precisas e objetivas.

Classificação das grandes áreas, áreas e subáreas do conhecimento

Grandes áreas	Áreas	Subáreas
Arquitetura e Urbanismo	Arquitetura Desenho Industrial Planejamento Urbano	
Astronomia e Ciência	Astronomia	Astrofísica Astronomia Ótica Radioastronomia
	Ciência Espacial	
Ciências Agrárias	Agronomia	Ciência do solo Fitopatologia Fitotécnica
	Veterinária e Zootecnia	Clínica médica e cirúrgica Nutrição e alimentação Animal pastagens e forragicultura Patologia Produção animal

Grandes áreas	Áreas	Subáreas
Ciências Biológicas	Biologia Celular	Aspectos biofísicos da célula e seus componentes Aspectos bioquímicos da célula e seus componentes Culturas de tecido
	Biomedicina	Anatomia Farmacologia Imunologia Microbiologia Patologia
	Botânica	Fisiologia vegetal Fitogeografia Morfologia vegetal Taxonomia vegetal
	Ecologia	Auto-ecologia Dinâmica das populações Sinecologia
	Genética	Animal de microorganismos Humana Vegetal
	Zoologia	Fisiologia animal Morfologia animal Taxonomia animal Zoogeografia
Ciências da Saúde	Enfermagem Medicina Nutrição Odontologia	

CULTURA

Grandes áreas	Áreas	Subáreas
Ciências Econômicas e Administrativas	Administração	Administração de empresas Administração pública
	Economia	Macroeconomia Microeconomia Teoria econômica
Ciências Humanas e Sociais	Antropologia Filosofia Geografia Humana História Letras e Lingüística Psicologia Sociologia e Política	
Engenharia	Eng. Aeronáutica Eng. Agrícola Eng. de Alimentos Eng. Cartográfica Eng. Civil Eng. Elétrica Eng. Florestal Eng. Industrial Eng. de Materiais Eng. Mecânica Eng. Metalúrgica Eng. de Minas Eng. Naval Eng. de Pesca Eng. de Produção Eng. Química Eng. Sanitária	
Física	Fís. Atôm. e Molecular Fís. Clássica e Geral Fís. de Mat. Cond Fís. das Partículas Elem. e dos Campos Física dos Fluidos e Plasmas e Descargas Elétricas Física Nuclear	
Geociências	Geologia Meteorologia Oceanografia	

Grandes áreas	Áreas	Subáreas
Matemática	Álgebra Análise Matemática Computação Geometria e Topologia Matemática Aplicada Probalidade e Estatística	
Química	Físico-Química	Eletroquímica e Eletroanalítica Quântica e Espectroscopia termodinâmica e Cinética
	Química Analítica	
	Química Inorgânica	
		Produtos naturais Síntese

Após a leitura do quadro, qualquer comentário acerca da diversidade e da complexidade da ciência torna-se dispensável. Convém, agora, entendermos alguns aspectos ligados à produção da cultura científica. Quem a produz, onde o faz e, principalmente, os efeitos positivos e negativos que ela pode nos trazer.

De início, quero deixar claro que o saber científico está estreitamente ligado ao mundo acadêmico, o que significa dizer, à Universidade. Assim, podemos fazer a seguinte associação, sem incorrermos em erro: a Escola de Samba está para o samba assim como a Universidade está para a ciência.

A expressão Universidade nasceu na Idade Média e significava originalmente uma associação ou corporação. Aos poucos, ela tornou-se uma instituição fundamentalmente educacional que congregava uma escola de artes e algumas faculdades de Direito, Medicina ou Teologia. Nessa época, já havia a preocupação científica, e a Universidade era justamente o lugar onde os cientistas se reuniam não só para discutir sobre seus trabalhos, mas também para realizar suas pesquisas. A primeira Universidade de que se tem conhecimento foi a de Salerno, na Itália, fundada no século X. Apesar de ter recebido o nome de Universidade, era apenas um centro de estudos médicos. Posteriormente, em 1150, foi criada a Universidade de Bologna e, em 1160, a de Paris. Seguiram-se as de Oxford, Cambridge, Salamanca, Montpellier, Roma e Nápoles, todas durante o século XIII. No fim da Idade Média, início do renascimento cultural, já havia aproximadamente 80 Universidades na Europa Ocidental.

A essa altura, a ciência começou a ganhar cada vez mais espaço, e a função de cientista já era quase uma profissão. Os nomes de Adelardo de Bath, Rogério Bacon e Frederico II eram os mais expressivos da pesquisa científica nessa época. Quero citar algumas experiências famosas e ao mesmo tempo curiosas feitas por Frederico II, imperador do Santo Império durante a primeira parte do século XIII.

Extremamente polêmico, esse cientista-imperador era cético, duvidava e questionava quase tudo. Nunca acreditou na imortalidade da alma e foi acusado de escrever uma brochura intitulada *Jesus, Moisés e Maomé, os três grandes impostores*. Suas experiências científicas atingiriam requintes como estes: fez a primeira incubação artificial com ovos de galinha para saber se produziria o mesmo efeito do processo realizado de forma natural. Colocou venda nos olhos dos abutres para testar se eles encontravam o alimento pela visão ou pelo olfato. Não bastasse isso, Frederico II deu grandes contribuições à ciência na área das letras. Profundo admirador da cultura mulçumana, ajudou diversos eruditos a estudarem em

Palermo, com o objetivo de traduzir para o latim as obras dos sarracenos.

Essa rápida apresentação nos dá uma idéia de como foram as atividades científicas na Idade Média. Mais importante que isso, no entanto, é percebermos quem produz a ciência. Esta, na verdade, em todas as épocas, sempre foi uma espécie de monopólio das classes ricas. A Universidade, lugar consagrado como casa da ciência até hoje, é freqüentada principalmente por uma elite que goza de certos privilégios econômicos, que revertem ainda em benefícios políticos, sociais e culturais. Pelo menos nas sociedades capitalistas, o quadro da produção científica tem muito a ver com a ordem econômica das classes sociais.

Após esse retrospecto e atualizando o tema, "a produção da cultura científica", a questão mais importante a se discutir é a seguinte: quais os efeitos e as modificações na vida do cidadão trazidas pelo desenvolvimento da ciência? Esse é um tema muito abrangente e não é possível, aqui, tratá-lo em todas as suas dimensões. Como vimos anteriormente, a ciência tornou-se tão extremamente complexa que existem, hoje, 12 grandes áreas do conhecimento, nada menos que 62 áreas e ainda 44 subáreas. Não é possível, portanto, falar nem apresentar exemplos de todos esses assuntos. Por isso, optamos por discutir alguns aspectos que envolvem o desenvolvimento e as conquistas realizadas na grande área da Astronomia e da Ciência Espacial.

O estudo da Astronomia só ganha projeção científica a partir dos séculos XV e XVI, nas universidades de Bologna, Pádua e Ferrara, em pleno Renascimento Cultural. Cientistas como Galileu Galilei, Leonardo da Vinci, Nicolau de Cusa e Nicolau Copérnico, revolucionaram tudo o que se havia escrito antes sobre os planetas e o universo. Antes deles, porém, até por uma questão de justiça, convém mencionar a extrema argúcia do astrônomo grego Aristarco, que, ainda no século III antes da era cristã, defendia a tese de que o Sol era o centro do Universo. Ninguém o levou a sério, embora ele tivesse razão como tem até hoje. Como já vimos, no século I da Era Cristã, aparece a teoria do geocentrismo de Cláudio Ptolomeu, que, ao contrário de Aristarco, situava a Terra e não o Sol como centro do Universo. Por mais de 12 séculos, o geocentrismo foi universalmente aceito. Os romanos, estudiosos do assunto, nunca puseram em dúvida as afirmações de Ptolomeu. Deve-se levar em conta que não era tão fácil questionar essas afirmações. Principalmente porque a força política da Igreja não tinha nenhum interesse nesse sentido. Ao contrário, o geocentrismo era explorado politicamente por essa instituição, justamente para reforçar a crença dos fiéis na existência de Deus. O raciocínio para justificar o sistema geocêntrico era simples e objetivo: ora, se Deus criou o Universo e só deu à Terra o privilégio de ser habitada por uma espécie inteligente como o homem, nada mais justo e lógico do que colocá-la (o que significa colocar o homem também) como o centro do Universo.

Esse comportamento, na verdade, tinha suas bases filosóficas centradas nos princípios da Escolástica, que foi uma corrente de pensamento fundada na tentativa de harmonizar a razão e a fé, ou para fazer a Filosofia servir aos interesses da Teologia. O pensamento escolástico era extremamente autoritário. Nem mesmo a razão científica era suficiente para que se acreditasse no conhecimento e na verdade. As deduções da lógica precisavam ter o apoio, o amparo da autoridade, das escrituras, dos Padres da

Igreja e das concepções deixadas por Aristóteles e Platão. A Escolástica baseou seus princípios éticos e filosóficos no pensamento desses dois filósofos. Os filósofos escolásticos eram humanistas – seu interesse principal era o homem. Além de acreditarem na imortalidade da alma, seu universo era um todo compacto dirigido exclusivamente em benefício do homem. Acreditando que o Universo fosse estático, os escolásticos contentavam-se em explicar a seu modo o significado e a finalidade das coisas sem, no entanto, investigar-lhes a origem e a evolução. Por esses motivos é possível compreendermos a predominância da teoria do geocentrismo até o fim da Idade Média e início do Renascimento Cultural.

Foi somente em meados do século XV, com Nicolau de Cusa, que o geocentrismo começou a ser questionado. Esse cientista negou veementemente que a Terra fosse o centro do Universo. Logo depois, Leonardo da Vinci mostraria que a Terra gira em torno do seu próprio eixo, negando com isso os movimentos aparentes de revolução do Sol. Mas a grande revolução mesmo aconteceria mais tarde, no século XVI, em 1543, com Nicolau Copérnico. Embora fosse polonês de origem, Copérnico teve toda sua formação científica nas Universidades italianas de Ferrara, Pádua e Bologna, onde estudou Direito Civil e Econômico, Medicina, Matemática e Astronomia. Ao voltar à Polônia, dedicou-se quase inteiramente às pesquisas dos movimentos da Terra e demais planetas. Surgiu desse trabalho a famosa *Teoria Heliocêntrica*, aceita até nossos dias, a qual consiste na posição oposta ao geocentrismo, ou seja, no heliocentrismo: o Sol é o centro do sistema planetário (e não do Universo), e a Terra é apenas um planeta a mais a gravitar em torno do Sol, desenvolvendo 14 movimentos diferentes, dos quais rotação (giros em torno do seu próprio eixo) e translação (executado em torno do Sol) são os mais importantes.

CULTURA

Apesar de ter escrito um livro sobre heliocentrismo, intitulado *Sobre as revoluções das esferas celestes*, Copérnico não o publicou com receio de represálias por parte da Igreja, que ainda tinha significativa força política. As provas tipográficas dessa obra só foram apresentadas publicamente pela primeira vez em seu leito de morte, em 1543. Agora, veja bem: tudo o que Aristarco no século III a.C. havia imaginado como verdadeiro foi cientificamente comprovado por Nicolau Copérnico, 1843 anos mais tarde. Vale acrescentar, ainda, que os estudos de Aristarco sobre o Universo foram utilizados por Copérnico.

Coube mais tarde ao italiano Galileu Galilei apresentar a prova mais importante da teoria heliocêntrica. Com um telescópio, ele descobriu os satélites de Júpiter, os anéis de Saturno e as manchas do Sol. Assim, aos poucos, os cientistas convenceram-se de que Copérnico estava certo. Esse período na história da cultura científica ficou conhecido como a Revolução Coperniciana.

Outros cientistas competentes e famosos surgiram mais tarde. É o caso, por exemplo, de Johannes Kepler e Isaac Newton. O primeiro aperfeiçoou o sistema heliocêntrico ao teorizar sobre os movimentos dos planetas. Seu conhecido estudo intitulado *Leis da mecânica celeste* veio mostrar que, ao contrário do que pensava Copérnico, a Terra e os demais planetas do sistema solar não descrevem órbitas circulares e sim elípticas em seu movimento de translação.

Cinqüenta anos mais tarde, Isaac Newton descobria a Lei da Gravitação Universal dos Corpos, explicando cientificamente por que os movimentos dos planetas e seus satélites em torno do Sol são absolutamente precisos e harmônicos. O teor da lei é simples, lógico e fácil de entender: *matéria atrai matéria na razão direta das suas massas e na razão inversa do quadrado das distâncias.* Assim, os astros e seus satélites, de acordo com a lei de Newton, nunca se aproximarão muito do Sol nem se distanciarão em demasia.

O conjunto dessas descobertas, e os estudos posteriormente realizados por outros cientistas no campo da Astrofísica forneceriam mais tarde a Albert Einstein os subsídios teóricos necessários para que ele realizasse suas experiências e formulasse, em 1905, a Teoria da Relatividade. A essa altura, porém, a concepção de Universo já era bem diferente daquela imaginada por Copérnico e seus contemporâneos. Tão diferente, por exemplo, a ponto de Galileu Galilei acreditar que o Universo era finito. Os estudos de Einstein, ao contrário, defendem a infinitude desse mesmo Universo.

Teorias à parte, você, leitor, tem o direito de escolher o seu universo: se finito ou infinito. Eu, pessoalmente, ficaria com os dois até os cientistas chegarem a um consenso. As teorias de Einstein são hoje muito bem-aceitas pela comunidade científica. Acreditam-se na infinitude do universo. Todas essas teorias, na verdade, desde Aristarco a Einstein, chegando a Werner von Braun e ao russo Sedov, precursores da moderna Astronáutica, vão contribuir de modo decisivo para o homem "perambular" mais tarde pelo espaço.

No final da década de 1950, tinha início uma nova revolução científica. A ciência espacial, ou Astronáutica, dava seus primeiros passos com as experiências realizadas pelos soviéticos sob liderança do grande físico Sedov, criador das naves espaciais Sputinik. Ele hoje é reconhecido internacionalmente como o "pai" da Astronáutica. Depois de diversos vôos não-tripulados, só mais tarde, em 1957, era lançada Laika, uma cadela, a primeira espécie a viajar em satélite artificial com objetivos científicos. O que havia sido até então ficção científica transformava-se, aos poucos, em realidade.

Em 1961, os russos voltavam novamente a surpreender o mundo e, em particular, a comunidade científica internacional. Saía da base de Baikonur (local de lançamento das naves russas) a primeira nave espacial da história da Astronáutica, levando um solitário tripulante: Yuri Gagárin. Um de seus objetivos, além das experiências científicas que deveria realizar no espaço, era contornar inteiramente o planeta Terra, viajando na camada da estratosfera a mais de 70 quilômetros de altura. Para a época, indiscutivelmente uma proeza. Nessa ocasião, em pleno espaço Yuri Gagárin pronunciou uma frase que causou profundo impacto ao mundo cristão. Ela atravessou o tempo e até hoje é lembrada: *Não vejo Deus, vejo apenas a Terra; ela é azul.*

Os Estados Unidos da América, nessa época, realizavam também suas experiências espaciais. Uma delas, aliás, redundou em pleno fracasso. O foguete que deveria lançar a nave Apolo I explodiu no mesmo instante do lançamento, causando a morte por asfixia dos três astronautas. Desse momento em diante, as duas superpotências entrariam numa competição velada que a imprensa mundial resolveu chamar de "corrida espacial". Soviéticos e americanos iniciaram uma nova etapa, não só na história da Humanidade, que provavelmente ainda fará muitas viagens pelo cosmo, mas principalmente nas conquistas científicas advindas das incessantes experiências iniciadas na década de 1950, mas que jamais cessarão. Em 1986, quando eu elaborava a primeira edição deste livro, a imprensa internacional anunciava que a nave espacial norte-americana Voyager-2 deveria fazer, no dia 24 de janeiro daquele ano, a primeira sondagem em torno de Urano, o sétimo planeta do sistema solar. Quando lá chegou, a sonda de 910 quilos completou uma viagem de 2.850.000.000 quilômetros no espaço, iniciada em agosto de 1977. Poderíamos imaginar o que de fato aconteceu. Essa conquista americana seria ultrapassada. Outras aventuras a tornariam obsoleta.

Por trás da "corrida espacial", no entanto, havia uma luta político-ideológica entre capitalismo e comunismo. Se os americanos vencessem a "corrida", conquistassem a hegemonia do espaço, isso significaria uma vitória do capitalismo sobre o comunismo. A recíproca, porém, seria verdadeira, caso os soviéticos vencessem a "corrida".

Seja como for, o fato é que soviéticos e americanos tinham programas espaciais diferentes. Isso ficou claro, ainda em 1969, quando três astronautas americanos chegaram à Lua. Nesse mesmo ano, quatro dias antes de Neil Armstrong e Edward Aldrin descerem na superfície lunar, no Mar da Tranqüilidade, os soviéticos desciam uma pequena nave, a Luna 15, com um robô. Mecanicamente, é claro, esse robô saiu da nave, colheu amostras lunares e retornou à base de Baikonur.

Hoje, porém, todas essas conquistas estão superadas, como acabamos de ver. Tanto americanos como russos montam verdadeiras cidades-laboratórios no espaço, bem ao estilo do que preconizou Arthur Clark em *2001, uma odisséia no espaço* e, tão bem trabalhada por Stanley Kubrick no cinema. As viagens espaciais tornaram-se rotina e só excepcionalmente ganham as manchetes da imprensa internacional. A exploração do espaço é um fato consumado, principalmente para essas duas nações.

Até aqui, vimos o que é a cultura científica, seu desenvolvimento, a ampliação de novas áreas do conhecimento, a diversidade da sua produção, as circunstâncias e o momento histórico em que se deram algumas conquistas científicas significativas no campo da Astronomia e da Astronáutica. Resta-nos agora abordar alguns aspectos positivos e, infelizmente, negativos de todo esse trajeto da pesquisa científica.

Indiscutivelmente, os benefícios advindos da exploração espacial são tantos que não caberia falar de todos neste livro. Mas um aspecto, pelo menos, é indispensável que comentemos: o das comunicações. Se hoje, diante do aparelho de televisão, podemos assistir ao vivo a um acontecimento em qualquer parte do mundo e a qualquer momento, isso se deve fundamentalmente aos Estados Unidos, a partir da década de 1960 do século passado. Ao mesmo tempo, é inegável que o sistema de telefonia foi substancialmente aperfeiçoado a partir dessa época. Pode-se dizer mesmo, usando a metáfora como recurso de linguagem, que, a partir desse instante, "o mundo ficou menor". Na verdade, foi a tecnologia do espaço, é claro, que "diminuiu" a distância geográfica entre os continentes e as nações. Hoje, se quisermos, a informação circulará instantaneamente no mundo inteiro. Está rompida a barreira do envelhecimento da notícia.

Um pensador canadense, Marshall McLuhan, de certo modo já havia previsto que esse fenômeno aconteceria. Nos estudos que realizou sobre a comunicação humana e a sociedade de massa, ele já falava da futura existência de uma "aldeia global". No que diz respeito à informação, portanto, as explorações espaciais foram benéficas.

Isso não impede, por outro lado, que, numa análise mais apurada da questão, constatem-se alguns aspectos até mesmo prejudiciais desse grande desenvolvimento das comunicações. Alguns teóricos da comunicação de massa são até bastante reticentes quanto a essa questão. Segundo eles, essa eficiência da comunicação teria sido, ou pode ser, usada em alguns países com objetivos ideológicos. Assim, a autonomia dos povos e o direito de escolha estariam comprometidos pela interferência dos veículos de informação. Voltaremos a esse assunto no capítulo "A cultura de massa".

A agricultura foi outra atividade beneficiada pelas conquistas científicas no espaço. Hoje, as previsões do tempo e de todo e qualquer tipo de intempérie são observadas com bastante antecedência. Os institutos meteorológicos fornecem, com detalhes e com antecedência de vários dias, o comportamento climático da região. Furacões, terremotos, abalos sísmicos, ressacas, maremotos, enfim, grande parte dos fenômenos naturais que causam catástrofes é percebida bem antes de ocorrer. A intensidade do fenômeno, porém, ainda não é possível perceber com antecedência.

Em 1985, na Colômbia, o vulcão Nevado del Ruiz soterrou inteiramente a cidade de Armero e destruiu parcialmente duas outras, depois de ter permanecido 140 anos inativo. Essa catástrofe, no entanto, já havia sido prevista pelo Instituto de Sismologia dos Estados Unidos. Certamente por não acreditar nessas previsões, ou por não imaginar que o fenômeno atingisse proporções tão elevadas, o governo colombiano parece ter negligenciado as informações recebidas do instituto americano. Paralelo aos inquestionáveis benefícios da ciência, há também o mau uso que o homem dela tem feito. A genial descoberta da penicilina pelo cientista Alexander Fleming aumentou consideravelmente a longevidade do homem, extirpou efi-

Imagem de "Guernica", de Picasso.

cientemente as doenças infecciosas, tornando-se uma das grandes conquistas da ciência médica. Há que se pensar ainda nas bombas atômica, de nêutron, de napalm, nas guerras da Coréia, nos anos 1950, e do Vietnã, nos anos 1960 e 1970. Devemos registrar que, contemporaneamente, as guerras do Iraque e da Bósnia, por exemplo, subtraíram milhares de pessoas em nome da paz e da democracia. Esse argumento, evidentemente, é a forma falaciosa de invadir países em defesa de interesses do país invasor.

A utilização do átomo como fonte energética é, sem dúvida, de extrema importância para a Humanidade. A bem da verdade significa um grande avanço científico. As usinas termelétricas e hidrelétricas tornaram-se uma espécie de "peças de museu" depois do aproveitamento e da extrema eficiência das usinas de energia atômica. Mas, ao mesmo tempo que pensamos na importância dessa energia, não podemos nos esquecer do perigo constante a que todos estamos expostos no caso de um eventual acidente nuclear. Até hoje, todos eles foram fatais. Além de provocar inúmeras mortes, deixa seqüelas irreparáveis. Não é à toa nem por gostarem de apanhar da polícia, que jovens, velhos, homens, mulheres e até crianças em todo o mundo resolvem enfrentá-la contra a instalação de bases nucleares na Alemanha, na Bélgica, na Holanda e na Inglaterra, entre outros países. Tudo isso, segundo a Organização do Tratado Atlântico Norte (Otan), para defender-se de um possível ataque de outros países que também já dominaram a tecnologia de fabricação da bomba atômica.

A essa altura há que se pensar muito sobre a questão: até onde podemos admitir que o uso da energia nuclear para fins militares esteja correto? É quase certo que a função dessas bases é mais de efeito moral, para intimidar, do que para usá-las realmente. Mas quem garante isso? Teria sentido tanto investimento apenas para intimidar? Seja como for, isso é o menos importante. O que interessa mesmo é sabermos que elas existem efetivamente e, nesse caso, oferecem a todo instante perigo real de vida nos lugares instalados e áreas próximas. É sobre essa possibilidade, a meu ver, que devemos refletir detidamente para avaliarmos os malefícios trazidos pelas conquistas científicas. Ou melhor: pelo mau uso que o homem vem fazendo dessas conquistas.

Volto a dizer: o avanço científico em si mesmo é positivo e indispensável. A descoberta do átomo como fonte energética é uma conquista feliz. Repudiante, no entanto, é o mau uso que se faz dessa descoberta. Usá-la para fins bélicos é a mesma coisa que se valer da ciência para matar o homem. É justamente dar uma dimensão à pesquisa científica que ela nunca deveria ter. Sua função não é matar, mas criar. É dar vida a quem, antes de Fleming, por exemplo, agonizava com infecção e hoje não morre mais. É deitar na mesa de cirurgia, trocar o coração que falhava no peito por um novo e viver novamente. É também receber uma córnea e encontrar-se ou reencontrar-se com a luz. Esta, sim, deve ser a verdadeira função da ciência.

O mundo, e em particular os japoneses, jamais esquecerá da tragédia de Hiroshima. Em 1945, no final da Segunda Guerra Mundial, por ordem expressa do então presidente dos Estados Unidos, Harry Truman, a Humanidade pejou-se diante de tal monstruosidade: aviões militares norte-americanos lançaram, pela primeira vez na nossa história, a bomba atômica, para destruir essa cidade. Este grande sinistro me faz lembrar uma parte da fantástica letra que o cantor-compositor Chico Buarque fez para a canção *Geni e o zepelim*, da sua peça musical intitulada *Ópera do malandro*. Em certo momento da canção, temos o seguinte verso:

> ... Um dia surgiu, brilhante
> Entre as nuvens, flutuante
> Um incrível zepelim
> Pairou sobre os edifícios
> Abriu dois mil orifícios
> Com dois mil canhões assim
> A cidade apavorada
> Se quedou paralisada
> Pronta pra virar geléia...

A bomba atômica americana não transformou a cidade em geléia, como na canção de Chico Buarque, mas sim em escombros e cinzas radioativas. Passados mais de quarenta anos, Hiroshima não esqueceu (e não há como esquecer) as trágicas imagens. Mais do que isso, o mundo não esquecerá. Até hoje há seqüelas, efeitos destrutivos da bomba em Hiroshima.

Convém ressaltar que, como o caso de Hiroshima, há outros de menor repercussão internacional. Importante perceber o uso, não só militar, mas ideológico, que se faz da ciência. A força política e os jogos de interesse tornaram-na inteiramente integrada ao modo de ser da civilização contemporânea. E, nesse caso, não há diferenças entre capitalismo e comunismo, nem Ocidente e Oriente. A qualquer momento que se usar a força da vivência com objetivos malévolos, todos nós estaremos correndo perigo.

Hoje, as maiores nações do mundo, especialmente os Estados Unidos da América, mas não só, usam cada vez mais a ciência, as conquistas e as pesquisas dos cientistas para se armar. Tudo isso em nome da paz, da liberdade, da autodeterminação dos povos e da democracia. No fundo, por mais ingênuas e desinformadas que sejam as pessoas e por maior que seja a propaganda do capitalismo ou do comunismo, a situação chega a um ponto insustentável. Essa luta da qual a ciência é uma das principais protagonistas é fundamentalmente ideológica. Ela objetiva, em última instância, a supremacia, a hegemonia política e ideológica do eventual vencedor.

  Nesse sentido, portanto, é que os próprios cientistas não acreditam na neutralidade científica. Não sem motivos, evidentemente. A autonomia da ciência vive de um passado romântico em que nunca se realizou na verdade. Basta passarmos os olhos pela história para vermos que ela sempre esteve a serviço dos interesses políticos, ideológicos e expansionistas do Estado. Essa é uma questão que exige longa discussão. Só ela seria motivo para mais um livro. De qualquer modo, nada impede que pensemos em alguns aspectos a esse respeito: em última instância, quem financia a pesquisa científica, o desenvolvimento da ciência é o Estado. Em alguns casos, o capital privado, que, por sua própria origem, identifica-se ideologicamente com o Estado.

  Quais as possíveis alternativas dos cientistas que eventualmente não tenham identidade ideológica com o Estado e queiram fazer ciência? O que poderá ocorrer com os cientistas (nesse caso com a própria ciência que eles produzem) que se negarem a produzir ciência para o Estado? No capitalismo democrático, provavelmente perderá seu emprego em benefício de outro cientista que se identifique ideologicamente com o Estado. Nas sociedades de regimes autoritários, será confinado e condenado ao ostracismo ou será expulso do país como ocorreu no Brasil dos anos de 1970, durante o governo do presidente Emílio Garrastazu Médici. Nessa ocasião, houve uma verdadeira evasão de cientistas brasileiros para o exterior. Alguns foram expulsos, como já dissemos, outros optaram por trabalhar noutros países, porque não tinham liberdade para realizar pesquisas e produzir ciência. Todos eles, porém, foram embora pelo mesmo motivo: não concordavam em trabalhar para o regime autoritário instaurado nessa época em nosso país.

É natural que qualquer cidadão, cientista ou não, isso não é o mais importante, tenha plena liberdade para produzir o seu trabalho. Por vezes, isso não é possível. O caso brasileiro não é um fato histórico isolado. Não foi essa a primeira vez que os cientistas, de alguma forma, foram obrigados a abandonar seu país ou nele sucumbir definitivamente. Apenas para não ir muito longe no tempo, vale a pena lembrar a Alemanha da época de Adolf Hitler. Não foram poucos os cientistas, judeus ou não, que fugiram do seu país para não servir à ideologia nazifascista do *führer* que ameaçava alastrar-se pelo mundo. O Chile, de Augusto Pinochet, por exemplo, viveu a década de 1970 do século passado mergulhado na maior crise política, social, cultural e científica de sua história. É impressionante o número de cientistas, chilenos ou não, que abandonam o país por não quererem servir à ditadura de Pinochet. Médicos, químicos, biólogos, físicos nucleares, sociólogos, professores universitários, enfim, parte significativa da *intelligentsia* chilena foi embora do país.

Por esses e outros exemplos é que devemos pensar muito bem quando abordamos essa questão tão complexa que se chama Estado, Ciência e Ideologia. É provável que ela não seja tão facilmente resolvida. Enquanto isso não ocorre, porém, é fundamental que respeitemos e lutemos pelo direito do cidadão de produzir seu trabalho na mais plena liberdade. Sem ela é muito difícil viver. A vida fica opaca, o mundo perde as cores e, às vezes, sentimos a sensação de que estamos entrando no corredor escuro da morte.

CULTURA

Já que vimos a importância social e política da cultura científica, convém agora nos acautelarmos, pelo menos, em dois aspectos:

> 1. a tendência natural da sociedade como um todo de supervalorizar a cultura científica;

> 2. os problemas advindos do fato de o saber científico monopolizar a verdade.

Essa tendência natural a que me refiro é particularmente clara no caso da sociedade brasileira. Há uma tradição entre nós (ela vem do século passado com a criação das faculdades de Direito de Olinda e de São Paulo) em respeitar e até reverenciar a figura do homem culto, com título universitário. Há até na cultura popular a expressão "doutor", quando se quer demonstrar respeito, admiração e apreço por uma pessoa. Nesse caso, muitas vezes o cidadão saudado de "doutor", ou simplesmente "dotô", jamais freqüentou os bancos da academia. Essa reverência, na verdade, expressa a admiração do povo de modo geral pela cultura adquirida na Universidade.

Assim, nota-se um consenso entre as pessoas não-letradas em supervalorizar o título universitário de um cidadão, a que se atribui um saber cuja palavra deve ser respeitada. Às vezes até em detrimento de uma medida mais acertada do que aquela sugerida pelo homem culto. É preciso notar que nem sempre a razão está com o saber e a competência. Até porque nem sempre também esse saber é tão verdadeiro como parece ser. Muitas vezes, o título acadêmico serve de escudo justamente para a carência ou falta de conhecimento daquilo que se estudou na Universidade. Afinal, o diploma fornecido por essa instituição formaliza e legitima, ao mesmo tempo, que aquele cidadão tem conhecimento científico suficiente sobre tal assunto para possuir o respectivo diploma.

O outro aspecto diz respeito aos possíveis problemas que o saber científico pode trazer se monopolizar a verdade. Já houve situações em que isso ocorreu, e os resultados não foram nada satisfatórios. Durante a campanha eleitoral para a prefeitura nas capitais e algumas cidades em todo o Brasil, os institutos de pesquisa cometeram alguns erros grosseiros nas prévias eleitorais que realizavam. Candidatos apontados como favoritos nas pesquisas dos Institutos Gallup e Ibope não conseguiram vencer as eleições. No caso específico da cidade de Fortaleza, nem ficou com a segunda melhor votação.

Certa ocasião, em São Paulo, a pesquisa científica dos institutos já citados travou um verdadeiro duelo de informação com a pesquisa empírica (sem base nem metodologia científica) realizada principalmente pelas rádios Jovem Pan e Capital. Durante todo o transcorrer da campanha eleitoral, essas emissoras faziam entrevistas diretamente nas ruas, ao vivo, em seus programas normais. Os resultados parciais fornecidos diariamente sempre deram a vitória do candidato Jânio Quadros.

As pesquisas dos institutos, por sua vez, coordenadas por profissionais especializados em pesquisas científicas, apresentavam resultados oscilantes. Em certos momentos liderava Jânio Quadros, em outros, Fernando Henrique Cardoso. Na última pesquisa realizada, ambos os institutos apresentavam uma vantagem tão pequena (de 0,5 a 1%) para Fernando Henrique que era impossível prever qualquer resultado antes da apuração total dos votos. A margem de erro em qualquer pesquisa de campo é de 2 a 3%, e isso indicava o empate estatístico. Em síntese, a conclusão que podemos tirar desse episódio é a seguinte: se, por um lado, a pesquisa científica não errou (afinal a diferença entre os candidatos estava dentro do erro possível, segundo a metodologia científica), é seguro, porém, que a pesquisa empírica teve pleno êxito, porque acertou o resultado.

      Pois bem, são situações como essa, ou semelhantes, que devem ser bem analisadas. A pesquisa científica é imprescindível. É inegável sua importância no âmbito da sociedade. De outro modo, não podemos também nos esquecer do significado da pesquisa empírica só porque ela prescinde dos métodos científicos. A cultura e o saber popular em determinadas situações não recebem a atenção e a qualificação devidas.

      É curioso observar, por exemplo, que a ciência médica (com exceção de alguns profissionais da área) não acredita na medicina popular. Ao mesmo tempo, sabemos que ela é consagrada justamente pelos resultados até hoje obtidos. É importante sabermos também que o controle da natalidade entre os indígenas não só é extremamente eficiente, como os anticoncepcionais usados por eles não causam efeitos colaterais.

      Assim, por esses e outros motivos é que devemos nos acautelar quanto ao fato de o saber científico monopolizar a verdade. Nada é tão suficientemente grandioso e unicamente verdadeiro para que se justifique o monopólio de qualquer coisa no que diz respeito ao saber. Melhor que esse monopólio é, sem dúvida aceitação ou a recusa de novos valores. Até porque a verdade científica de hoje, tanto pode estar definitivamente consagrada como pode, em alguns casos, estar obsoleta amanhã, ultrapassada ou, ainda, aperfeiçoada.

IV. A cultura erudita

A expressão erudito é latina (*eruditu*) e serve para designar uma pessoa que possui muito conhecimento, reconhecidamente culta. Originalmente, ela era empregada para destacar os méritos das pessoas da classe dominante que conheciam em profundidade a chamada "alta cultura", ou seja, a cultura científica, arte musical, pictórica, literária, cênica, enfim, todas as formas de manifestação cultural produzidas e consumidas pelas classes dominantes.

O conhecimento erudito sempre foi posto em oposição ao conhecimento oriundo da maior parte da população. Assim, todo produto cultural produzido pelos homens cultos recebia, como recebe hoje, o *status* de obra erudita. Do mesmo modo, aos produtos culturais produzidos pelos homens do povo, pelas pessoas que não vivenciam a cultura das classes dominantes, costuma-se chamar de cultura popular.

A cultura erudita possui um universo que a legitima por meio da filosofia, da ciência e do saber produzidos na Universidade e nas instituições científicas. Às classes subalternas não é possível participar da cultura erudita. Nem como produtoras, muito menos como consumidoras. As instituições que produzem a alta cultura, ou seja, a cultura erudita, estão fora do alcance dessa classe. É a classe dominante, ao mesmo tempo, pelos seus membros, que determina o que é e o que não é cultura erudita e cultura popular.

No campo das artes, vamos observar que é mais ou menos freqüente o artista produtor da cultura erudita lançar mão de temas considerados populares para criar sua arte. No Brasil, temos muitos exemplos. Heitor

Villa-Lobos, provavelmente o mais prestigiado e respeitado compositor de música erudita (ou clássica) em nosso país, por diversas vezes valeu-se do universo do caipira paulista, da cultura popular, para realizar suas composições. O exemplo mais vivo está justamente na composição intitulada *Trenzinho caipira*. Cândido Portinari, uma das grandes expressões das artes plásticas no nosso país, imortalizou e internacionalizou o drama social e político do retirante nordestino com o quadro *Os retirantes*. Estão contidos nessa obra elementos da cultura popular nordestina, que vão desde a sobrevivência física, passando pelo problema do latifúndio, até o êxodo rural.

No âmbito internacional, vale a pena destacar, nas artes plásticas, o trabalho do mais criativo artista do século XX: Pablo Ruiz Picasso. Criador de uma obra bonita e essencialmente política, esse pintor espanhol é considerado também um dos mais perfeitos em sua especialidade. Dono de uma obra reconhecidamente erudita e evolucionária, ele é o próprio símbolo do que há de mais sofisticado na pintura do século XX. Sua "fonte de inspiração", porém, sempre foram as manifestações da cultura popular. Sua obra mais famosa, *Guernica*, mostra precisamente o momento em que as tropas nazifascistas de Adolf Hitler invadiam e aniquilavam a resistência popular de Guernica, pequena cidade do interior da Espanha.

Na literatura sucede o mesmo. Os eruditos vão, sistematicamente, encontrar na cultura popular a inspiração para criar sua arte. No Brasil, um dos exemplos é a obra de João Guimarães Rosa. Nos anos 1980, a TV Globo exibiu um seriado baseado no livro *Grande sertão: veredas*. Nessa obra, o autor discorre sobre os usos, costumes, tradições e linguagem do povo do interior das Minas Gerais. A luta pela sobrevivência, pela posse da terra e toda sorte de humilhação por que passa o interiorano mineiro para manter-se vivo foi colocado com precisão pelo autor. Cabe destacar a grande erudição de Guimarães Rosa: ele não só é membro "imortal" da Academia Brasileira de Letras (instituição reservada a um reduzidíssimo número de intelectuais) e diplomata de carreira, como é um dos escritores brasileiros mais respeitados nas universidades do país.

Assim, portanto, temos uma visão geral do que é a cultura erudita. Em síntese, é toda a produção cultural, científica ou não, dirigida às classes dominantes e produzida por alguns membros que dela fazem parte. Tudo aquilo que é considerado sofisticado, de "bom gosto", de "alto nível", intelectualizado enfim, é também chamado de cultura erudita. Heitor Villa-Lobos, João Guimarães Rosa e Cândido Portinari fizeram cultura erudita em nosso país. Cornélio Pires (violeiro), Catulo da Paixão Cearense (poeta popular) e Francisco da Silva (pintor de galos) foram artistas que trabalharam, registraram e, de certa forma, fizeram cultura popular.

V. A cultura popular

Como vimos antes, popular (*populare*, em latim) é tudo aquilo próprio do povo, as coisas que são agradáveis a ele, que contam com sua simpatia, ainda que parcialmente. Assim, em rápidas palavras, cultura popular pode entender-se como aquela parte da cultura produzida pelo povo para o próprio povo. No entanto, a cultura popular é bem mais que isso. É também uma manifestação diferente daquela produzida pela classe dominante.

Antes de mais nada, devemos registrar que ela se realiza fora do universo acadêmico e das instituições científicas. É provável que essa seja a maior diferença entre ela e a cultura erudita. Sua principal característica talvez seja exatamente o fato de ser produzida espontaneamente e em qualquer lugar. Nas ruas, no trabalho, no lazer, nos bares, dentro de casa, no clube, no campo de futebol, na praça pública, na igreja, enfim, não há lugar específico para surgir a cultura popular. Outra característica importante é que nessa modalidade cultural, quase sempre a produção é anônima, isto é, de domínio público. E muitas vezes é uma criação coletiva. Já na cultura erudita, dificilmente não aparece o nome do autor da obra.

Agora que já conceituamos cultura popular, devemos fazer algumas indagações. A primeira é a seguinte: por que se estabeleceu uma diferença tão nítida entre cultura erudita, destinada à classe dominante, e cultura popular, destinada às classes subalternas, se, na verdade, todo mundo é povo?

A pergunta exige duas respostas e ambas são importantes. Primeiramente, essa diferença parece ter um sentido pedagógico. Objetiva-se separar aquilo que é produzido nas salas das universidades, nas instituições científicas pelos cientistas, intelectuais e especialistas, da produção realizada pelo resto da população nos locais mais diversos, como já mencionamos.

O outro aspecto é um pouco mais sutil. Historicamente, como já vimos no primeiro capítulo, a classe dominante, detentora do capital e dos meios de produção, sempre determinou, entre outras coisas, a produção da cultura. Ora, assim pode-se entender que a elite cultural, tendo em seu poder as instituições dominantes, pode perfeitamente desenvolver a concepção de cultura popular. Aliás, é precisamente isso o que ela faz. Quem determina o que é e o que não é cultura popular é a própria elite intelectualizada, por meio da produção científica, literária etc.

O terceiro aspecto mostra o papel de elemento diferenciador que a cultura sempre teve. Uma das formas de a classe dominante manter seu poder sobre as demais classes sociais é por meio da produção e do consumo da cultura diferenciados. Ela não deve, segundo sua própria ideologia de classe dominante, consumir os mesmos produtos das classes subalternas. E realmente não os consome.

Podemos, a partir dessas três indagações, observar a importância que a cultura, seja ela popular ou não, tem na vida social. E, se pensarmos bem, ela transcende a dimensão social e passa a ter um significado político importante. Se pelo elemento cultural é possível perceber as desigualdades sociais bem caracterizadas, é possível também usá-lo como instrumento de superação dessa desigualdade. Noutras palavras, a cultura popular pode ser um dos pontos de apoio das transformações sociais.

Há alguns exemplos na História sobre isso. Rapidamente, quero citar pelo menos um: o caso da ex-União Soviética. Após a vitória do partido bolchevique, a cultura popular teve importante papel na consolidação da Revolução. Antes disso, porém, essa mesma cultura serviu como uma espécie de ponte entre o povo e o comando da Revolução. Foi por meio do movimento conhecido como Proletkut (cultura proletária), criado por Lênin e dirigido por Lunatcharki, que o partido bolchevique deu à cultura popular soviética o caráter e o conteúdo transformadores. Ela servia, entre outras coisas, como ponto de resistência ao passado, propondo ao trabalhador soviético novas formas de se relacionar com o capital e a produção. Uma relação onde seu ordenado fosse realmente compatível com o resultado do seu trabalho. Nem mais, para que o Estado não fosse paternalista, nem menos, para que o trabalhador não fosse e nem se sentisse explorado. Essa era uma das propostas da Revolução Socialista de outubro na ex-União Soviética, e foi nessa direção que o movimento *proletkult* desenvolveu seu trabalho com a cultura popular.

Creio que, a partir das indagações feitas até aqui, podemos abrir uma nova e importante questão: o que podemos, efetivamente, considerar produto da cultura popular? Se pensarmos no caso brasileiro, imediatamente nos ocorre o samba, o carnaval e o futebol como expressões máximas da nossa cultura popular. Outras manifestações, porém, não devem ser deixadas de lado: as festas religiosas e profanas, os bailados, os ritos, as danças dramáticas como a de Moçambique, bumba-meu-boi, o jogo de capoeira, ou ainda danças lúdicas como o cururu, cateretê, catira, quero-mana, dão-dão, cana-verde etc., o artesanato, a culinária, a literatura, o teatro e até o jogo do bicho, que parece definitivamente incorporado ao *ethos* da cultura popular brasileira. Essas são algumas manifestações reconhecidamente populares da nossa sociedade.

A própria expressão "cultura popular" subentende que ela é produto da criatividade do povo. Agora, uma pergunta: o que é povo e como podemos categorizá-lo? Esta é, sem dúvida, uma das questões mais complicadas a se resolver. Sociólogos, antropólogos, enfim, os cientistas que trabalham com as ciências humanas já escreveram muito sobre o conceito de povo. Apesar de um certo consenso, permanecem ainda outras opiniões que, por sua coerência, não devem ser subestimadas.

Podemos dizer que a população brasileira forma a totalidade do povo brasileiro. Isso é correto. Da mesma forma, se pensarmos apenas na população pobre do país e a chamarmos de povo, também estaria certo. Agora, se juntarmos essa parcela pobre com a população assalariada dos meios rural e urbano, aí então estaríamos nos aproximando ainda mais do conceito de povo.

O fato é que essa expressão tem sido sistematicamente usada para designar as classes e categorias sociais mais modestas da sociedade. Pelo menos é assim que os estudiosos das ciências humanas a têm empregado.

Nesses termos, e seguindo essa orientação, não podemos dizer que a classe dominante é povo. Mesmo quando falamos do "povo brasileiro", ela não estaria, incluída nessa categoria, embora a nacionalidade seja a mesma. Assim, apesar de o *Novo Dicionário Aurélio* definir a palavra povo como "*o conjunto de indivíduos que falam a mesma língua, têm costumes e hábitos, afinidades de interesses, uma história e tradições comuns*" em termos sociológicos, ela adquire uma característica muito importante: a condição socioeconômica. Por mais que nos esforcemos, não podemos dizer que a classe dominante tem os mesmos costumes e hábitos, afinidades de interesses, uma história e tradições comuns, iguais ou ao menos parecidas com os das classes subalternas. Retomando a definição do dicionário, a única identidade possível indiscutivelmente é o idioma.

Voltemos agora à questão da cultura popular. É esse povo, do qual acabamos de falar, que a produz e a consome em sua maioria. Importante observar, porém, as utilizações da cultura. Da mesma forma que ela tem sua importância política, tem também peso significativo na produção econômica e na vida social. Vejamos, rapidamente, pelo menos um exemplo de cada aspecto, tendo sempre como modelo a sociedade brasileira.

Em 1962, em pleno governo do presidente João Goulart, a União Nacional dos Estudantes (UNE) cria o Centro Popular de Cultura (CPC). Nosso país vivia um processo de intensa militância política. Os dirigentes da UNE naquela época entendiam que a música, como de resto toda a cultura popular, não deveria ter função apenas lúdica. Deveria ser também instrumento conscientizador, revolucionário e suficientemente capaz de ajudar a preparar as massas para a revolução social e política do nosso país.

E, com o *slogan* "Para melhor servir o povo", a UNE, via CPC, trabalhou politicamente a cultura popular por meio do cinema, da literatura, do teatro e até de objetos artesanais. Tudo, enfim, que dissesse respeito à cultura do povo e não trouxesse uma mensagem política deveria ser "respeitado" justamente para "conscientizar" esse povo.

O fato é que o CPC entendia que a cultura popular não deveria ser apenas produção cultural do povo. O manifesto publicado em 1962 por esse centro deixa isso muito claro. Ela deveria conter também o trabalho de criação da vanguarda intelectualizada do país. Entenda-se essa vanguarda como os intelectuais de esquerda alinhados ideologicamente nos mesmos propósitos. Nesse sentido, caberia aos escritores, cantores, atores, enfim, a todas as pessoas que trabalhassem com arte e cultura, a incumbência de recolher produtos da cultura popular, "reelaborá-los" e divulgá-los ao povo.

Hoje, passados 45 anos, percebe-se que o projeto do CPC cometeu alguns erros básicos. Talvez o maior deles tenha sido justamente subestimar o próprio povo, querendo produzir de "fora para dentro" uma consciência popular. O CPC ignorou que a própria condição de classe dominada está implícita na consciência do dominado. Não existe, historicamente, classe social desprovida de pensamento crítico.

Se, por um lado, a experiência brasileira não vingou politicamente (logo depois acontecia o golpe de 31 de março de 1964), isso não significa que a cultura popular não tenha importância na transformação do quadro político de um país. Ao contrário, tem e muita. Basta ver, por exemplo, o caso já citado da ex-URRS, onde o resultado foi satisfatório. E não foi só lá. Em outros lugares também a participação da cultura popular foi importante. É bem verdade que cada país apresenta condições que lhes são próprias e únicas. Isso pode facilitar ou dificultar as coisas. O momento político, as condições geográficas, as fronteiras, a identidade cultural das populações, as condições socioeconômicas e até a topografia são aspectos que interferem favorável ou desfavoravelmente no trabalho de politização de uma sociedade por meio da cultura popular.

Já no que diz respeito à produção econômica, a dimensão é um pouco diferente. Essa cultura tem uma função agregadora da comunidade por meio da solidariedade na produção. Retomemos, como exemplo, a música caipira citada bem no início do livro – provavelmente o mais expressivo valor cultural do caipira paulista. Você já leu ou ouviu falar do mutirão? Pois bem, o mutirão é o auxílio gratuito que um grupo de pessoas presta a outra. No meio rural de São Paulo, por ocasião desse trabalho, as canções caipiras fazem parte de todo o ritual. Vejamos como isso ocorre: trata-se de uma atividade coletiva de limpar a roça, o pasto, fazer a colheita, o plantio, o taipamento ou a construção de uma casa, com a ajuda de voluntários. Quase sempre os vizinhos.

Em agradecimento, o beneficiário oferece almoço, janta e muita pinga. Apos a última refeição há sempre a função, ou seja, a festa de confraternização. O violeiro começa a tocar sem parar, todo mundo dança, enquanto o dono da casa passa entre os amigos oferecendo pinga para festejar o sucesso do trabalho coletivo. Vale a pena registrar o seguinte: a função para o caipira é tão importante quanto o próprio trabalho do mutirão. Tanto é assim que o violeiro jamais pode faltar. Sem ele, os presentes não dançariam a cana-verde, em que quase todos os participantes improvisam versos e apodos.

Hoje, na cidade de São Paulo, podemos falar do mutirão urbano. Ele consiste numa prática popular que a cada dia ganha mais força. Populações pobres da periferia, morando precariamente, às vezes faveladas, resolveram fazer o seguinte: depois de receberem o terreno da prefeitura, para pagá-lo a longo prazo, formam-se grupos de pessoas para trabalhar em mutirão. Assim, todas as pessoas trabalham na construção de uma casa só. Construída a primeira, passam a fazer outra e assim por diante, até todo o trabalho, todas as casas do grupo estarem prontas.

Da mesma forma que no meio rural, no meio urbano também tem almoço, janta e pinga. Há, porém, uma diferença fundamental: no meio rural, o próprio beneficiário costuma assumir todas as despesas da festa de confraternização. No meio urbano, não. Os participantes encarregam-se de levar as comidas e as bebidas que serão consumidas por eles, bem ao estilo do que se convencionou chamar de festa americana.

Assim como o mutirão, as festas religiosas têm um significado importante para a vida social. É por meio dessas manifestações que a comunidade integra-se cada vez mais, evitando a desagregação tão conhecida em lugares onde não ocorre a prática de determinados valores da cultura popular.

Das manifestações religiosas, vale a pena destacar a dança de São Gonçalo como força agregadora dessa cultura. Essa é a única modalidade de dança no Brasil que possui, ao mesmo tempo, um caráter profano e religioso, apesar de serem apresentados separadamente. Introduzida em nosso país por volta de 1718, essa dança era inicialmente, tanto em Portugal, de onde é originária, como no Brasil, realizada dentro das igrejas. São Gonçalo d'Amarante é, no dizer do povo, o patrono da fecundidade humana, padroeiro dos violeiros e santo casamenteiro.

Justamente por sua identidade com o casamento, a dança tem um caráter erótico. O desejo das "moçoilas" de casar é o elemento responsável pelo erotismo. Seduzir o parceiro durante o bailado e induzi-lo a levá-la ao altar é a sua grande tarefa.

Nesse instante, a graça da coreografia atinge seu ponto alto. A sensualidade feminina ganha um colorido especial no vaivém da dança e da troca de lugares. O violeiro, chefe da dança, dedilha sua viola em ritmo alucinante, fazendo remelexos, contorcendo o ventre, que lembra mais o lundu, dança africana proibida no Brasil durante o Império, como já vimos. As mulheres acompanham esse movimento, remexendo, requebrando as nádegas, gritando e saltando em louvor a São Gonçalo – esse é o momento da glória da dança. Os homens, atentos aos rebolados sensuais, puxam as fileiras, dão umbigadas e entrelaçam suas pernas nas das parceiras.

A Igreja, é claro, não poderia aceitar nem conviver com uma coreografia que nega na base seus valores morais. Por isso, gradativamente, ela foi retirando do ritual da dança essa segunda parte, que acabamos de descrever. Apesar disso, há lugares no Estado de São Paulo que passaram a apresentar a dança de São Gonçalo fora das dependências da igreja, mantendo as duas partes, a profana e a religiosa, com as coreografias originais.

Entre 1982 e 1983, tive a oportunidade de assistir a algumas apresentações dessa dança no interior paulista, nas cidades de Pirassununga, Mairiporã, Votuporanga, Conchas, Olímpia e Santa Fé do Sul. Em todas elas, pude constatar a fidelidade dos movimentos coreográficos. O mesmo já não ocorreu em Franca, Batatais, Garça e São Roque, onde a parte profana não se apresenta mais. Resta apenas o ritual religioso, que apresenta a seguinte seqüência: os participantes rezam diante do altar para homenagear e agradecer ao santo violeiro pela graça alcançada. Em seguida, formam-se duas filas, uma de frente para a outra. Por ordem do líder, dirigem-se ao altar, saúdam o santo e, em seguida, cada homem escolhe seu par. Todos a postos, o mestre-da-dança sinaliza para que se ajoelhem e rezem ao som do ponteio da viola. Essa cerimônia demora o tempo suficiente da reza. Logo após se seguiria a coreografia, ou seja, o lado profano da dança, proibido pela Igreja.

Para essa segunda parte há uma explicação bem brasileira, que mostra, inclusive, as transformações ocorridas não só na dança, mas também na própria imagem do santo português ao ser transladada para nosso país. Em Arriconda, Portugal, onde nasceu a 10 de janeiro de 1259, São Gonçalo apresentava-se com a cabeça coberta e um cajado na mão direita, com a extremidade superior curvada. No Brasil, no entanto, e mais precisamente no interior paulista, o caipira introduziu algumas modificações nessa imagem, tornando-a, a meu ver, mais próxima da sua cultura. Puseram-lhe um chapéu e substituíram o cajado pela viola. Em alguns lugares tiraram-lhe ainda a batina e substituíram-na por jaqueta, calças e botas. É dessas transformações, porém, que surge a parte profana da dança, embora já existisse de forma muito amena e discreta em Portugal. Não havia, é claro, requebros e remelexos do ventre e das nádegas.

No Brasil, no entanto, a amenidade e a discrição cederam espaço à criatividade e ao entusiasmo do caipira paulista. O resultado disso todos nós já sabemos. A figura e a viola de São Gonçalo são, juntamente com os sons indígenas e africanos, altamente responsáveis pela cultura musical do caipira. Não é à toa que sua musicalidade está sempre ligada à imagem da viola. Aliás, a presença desse instrumento nas festas religiosas no Brasil tornou-se mais freqüente a partir da segunda metade do século XVIII, graças às modificações introduzidas pelo caipira na imagem e na dança de São Gonçalo, ainda em 1720. Até então, a viola era reservada apenas às danças profanas, o que, de certo modo, tornava a música caipira religiosa mais rítmica e menos melódica.

Estão aí, portanto, alguns exemplos dos usos e transformações por que passou a cultura popular. No Brasil, ironicamente, o samba e o futebol, as duas maiores expressões dessa cultura passaram por transformações profundas antes de se tornarem efetivamente populares. Ambos passaram, respectivamente, pela aristocracia imperial (caso do lundu, que se transformaria mais tarde em samba) e pela alta burguesia (caso do futebol), que começava a se interessar por esse esporte burguês vindo da Inglaterra.

Falemos rapidamente do samba. Em meados do século XVI, em 1549, chegavam ao Brasil os primeiros negros africanos. E com eles, é claro, a sua música. Entre os ritmos e coreografias do negro, o lundu (considerado espécie de "avô" do samba) teve aceitação imediata. Logo de início, porém, esse estilo musical passou por alterações por meio de contatos com ritmos indígenas como o cururu e o cateretê, tornando-se mais tarde um gênero musical e dança, onde os parceiros dançavam soltos, fazendo movimentos coreográficos considerados, na época, extremamente eróticos. O auge dessa dança em nosso país foi em fins do século XVIII e início do século XIX.

Sua trajetória, no entanto, tem sido no mínimo curiosa. Como disse o poeta Gregório de Matos Guerra (1623-1696), o primeiro estudioso a registrar essa dança (1648), o lundu era um grande batuque negro onde os parceiros enrolavam-se uns aos outros aumentando a tensão e a sensualidade da dança. Praticado durante muito tempo na senzala, posteriormente o lundu ganhou as ruas e, finalmente, os palácios, transformando-se no lundu de salão, a dança preferida da pequena aristocracia imperial brasileira.

É para essa trajetória que eu quero chamar atenção. Veja bem: o lundu veio da África com os escravos, tornou-se popular porque ganhou as ruas e depois subiu aos salões imperiais permanecendo aí por muito tempo. Mais tarde, quase todo transformado, voltaria novamente às ruas do Rio de Janeiro para dar origem ao maxixe, esse, sim, considerado o "pai" do samba.

Vejamos, pois, quais foram as transformações por que passou o lundu. Elas são importantes porque nesse momento já começavam a aparecer elementos do samba. Instrumentos como a cítara, a viola e o violão, tocados nas ruas pelos lunduzeiros, cediam espaço aos pianos dos salões imperiais. Não bastasse isso, o lundu, da forma como era dançado pelos negros nas ruas, estava proibido. Era considerado indecente e escandaloso. Um verdadeiro atentado ao pudor. Mário de Andrade e Nina Rodrigues, dois grandes pesquisadores e estudiosos da cultura popular brasileira, nunca acharam o lundu escandaloso e, muito menos, indecente. Para eles era sensual, erótico e harmônico.

Com a proibição do lundu-dança, surgiu o lundu-canção (uma "criação" da aristocracia palaciana), cujas características em quase nada mais lembravam o lundu original dançado nas ruas. Desapareceram os movimentos coreográficos, modificou-se o discurso cuja temática não dizia mais respeito ao universo da cultura negra, e sim ao estilo de vida dos salões imperiais. Desaparecem ainda a bolinagem, a malícia, a sensualidade e, sobretudo, a criatividade negra no momento em que executava e dançava o lundu. Só após essas transformações é que esse ritmo incorporou-se realmente ao universo cultural da aristocracia imperial. Mesmo assim, transformado e proibido, esse ritmo atravessou o tempo. Em 1875, surgiu o maxixe, gênero musical muito popular no Rio de Janeiro, resgatando o andamento musical, a estrutura melódica e a coreografia proibida do lundu. Voltariam às ruas e aos bailes de gafieira toda a malícia, os movimentos sensuais, insinuantes e eróticos.

A essa altura, já estávamos vivendo os primeiros tempos da República Velha. Com ela, emergia a burguesia, e a classe média passou a ocupar o espaço que antes pertencia à aristocracia. A industrialização no início do século trouxe consigo a classe proletária. Esta, sim, veio dar grande impulso ao maxixe. Não só por dançá-lo, mas também por reproduzi-lo socialmente, permitindo, dessa forma, sua sobrevivência até estilizar-se em samba. Mesmo com o alto índice de popularidade, o maxixe ainda era visto como escandaloso. Dançá-lo em alguns ambientes mais requintados era uma ofensa aos presentes. O musicólogo Baptista Siqueira publicou, em 1967, um trabalho intitulado *Ernesto Nazareth na música brasileira*. Comentando sobre os bailes de gafieira do Rio de Janeiro, onde se dançava o maxixe, ele disse: "Nesses antros de marcada sensualidade, não havia coreografia alguma, mas libido desenfreada". Preconceitos, proibições e transformações não foram suficientes para eliminar o lundu e o maxixe da cultura popular brasileira. Ainda bem, porque senão o samba não teria existido. Este último, além do mais, passaria para a história da música popular brasileira como o "pai" do samba, o ritmo "oficial" do povo brasileiro.

VI. A cultura de massa

A cultura de massa está presente em quase tudo o que realizamos no nosso cotidiano. Desde o momento em que iniciamos nosso dia, ao acordarmos pela manhã, até nos prepararmos novamente para dormir, estamos envoltos por uma grande cadeia de consumo. Seja ele material, visual, auditivo, ou de outra ordem.

Os apelos publicitários, por meio de todos os veículos de comunicação, apontam sempre para a mesma direção: consumo, objetivando sobretudo a rentabilidade e o lucro. As vitrines dos shoppings centers, os supermercados, a Internet, as televisões convencional e a cabo, os panfletos, *folders*, filipetas, serviços de mala direta, as placas de anúncios em shows musicais e estádios esportivos, luzes néon, enfim, todo um verdadeiro arsenal publicitário nos acompanha aonde formos, para onde andarmos.

Somos literalmente vigiados de modo ininterrupto por esses veículos de comunicação, com o objetivo precípuo de nos estimular ao consumo.

A expressão cultura de massa não é nova. A rigor, o primeiro estudo sobre esse tema foi realizado pelo francês Alexis de Tocqueville, quando escreveu o livro *Democracia na América*, em 1894. Seu trabalho despertou o interesse dos estudiosos da sociedade e do comportamento humano. A partir desse momento, eles começaram a se preocupar com o acelerado desenvolvimento industrial dos países europeus e dos Estados Unidos. O processo de urbanização começava a mudar o panorama das grandes cidades, anunciando de certo modo as transformações sociais que adviriam a partir daquele instante.

Não bastasse isso, o grande impulso desenvolvimentista dos meios de comunicação colaboraria decisivamente para essas mudanças.

Todo esse clima de agitação já prenunciava o aparecimento de uma nova ordem social no plano da produção e do consumo, que mais tarde os sociólogos chamaram de sociedade de massa. Assim, o termo cultura de massa foi criado para designar o tipo de cultura produzido e consumido nessa "nova" sociedade.

Posteriormente a essa designação, surgiram ainda expressões como indústria cultural, cultura pluralista, indústria da cultura, cultura pós-industrial, cultura industrial e até cultura democrática. Todos esses termos, no entanto, são na verdade apenas sinônimos da cultura de massa. Seja como for, é inegável, porém, que a cada dia a sociedade de massa ganha mais importância. À medida que avança a tecnologia da comunicação, desenvolvem-se novos e eficientes sistemas de "aproximar" ainda mais os povos, urbanizados ou não.

Atualmente, dada a abrangência dos veículos de comunicação, pode-se dizer o seguinte: para participar do consumo auditivo e visual da sociedade de massa, para nela integrar-se nesses termos, o homem do interior não precisa mais abandonar seu lugar de origem. Isso porque o rádio, a televisão e, de certo modo, o cinema são veículos que hoje chegam a qualquer parte do mundo, levando imagens das mais diversas tendências políticas e ideológicas. Eles são hoje, inclusive, chamados de veículos de comunicação de massa.

Após essa breve explanação, já podemos nos perguntar algumas coisas sobre a sociedade e a cultura de massa. Por ordem, desejamos logo saber o seguinte: em que consiste a cultura de massa e como defini-la? Vejamos de imediato: a cultura de massa consiste na produção industrial de um universo muito grande de produtos que abrangem setores como a moda, o lazer no seu sentido mais amplo, incluindo os esportes, o cinema, a imprensa escrita e falada, os espetáculos públicos, a literatura, a música, enfim, um número muito grande de eventos e produtos que influenciam e caracterizam o estilo de vida do homem contemporâneo do meio urbano industrial.

Dos produtos da cultura de massa citados, convém explorarmos um pouco mais a importância do chamado "sistema de comunicação de massa", formado pela imprensa escrita, falada e televisada. Nossa escolha por esse setor, porém, não foi aleatória. Ela se justifica porque esses veículos, em última instância, são altamente responsáveis pela formação da opinião pública. O gosto, o comportamento, os anseios, a visão de mundo, o juízo de valor, são alguns dos aspectos que esse sistema influenciará.

Noutras palavras: os veículos de comunicação de massa, se quiserem, tem um poder suficientemente grande para destruir num curto prazo de tempo a imagem de um ídolo popular. Seja da política, da canção, dos esportes, ou qualquer outra atividade profissional. A recíproca, porém, é verdadeira. Eles podem, nesse mesmo espaço de tempo, transformar uma pessoa anônima num ídolo de projeção nacional. Só para lembrar rapidamente: a jovem atriz Alessandra Negrini, desconhecida do grande público até recentemente, hoje é um sucesso nacional. Mas as duas coisas também podem acontecer ao mesmo tempo: esse ídolo pode aparecer e desaparecer na mesma velocidade.

Esse caso, aliás, ocorre até com certa freqüência, principalmente no âmbito da canção popular e dos esportes. Se o leitor fizer um esforço de memória certamente lembrará de alguns exemplos recentes. Os cantores Gasolina, Lady Zu, Macumbinha, Miriam Batucada, só para citar alguns, tinham espaço garantido nos veículos de comunicação enquanto apresentavam canções de consumo de grande público. No entanto, essa "canção de consumo" é "fabricada", trabalhada, divulgada e promovida justamente por esses veículos. Eles podem fazer o sucesso se quiserem. Eles têm, ainda, o poder de criar padrões de gosto, por meio daquilo que os teóricos da comunicação de massa resolveram chamar de "persuasão do consumo".

Dito isso, e justificando a escolha pelo papel dos veículos de comunicação, é possível agora pensarmos em dois aspectos não menos importantes da cultura de massa. Primeiro: resta-nos saber a quem são dirigidos seus produtos. Segundo: quais as repercussões sociais desse consumo e as implicações ideológicas e políticas da cultura de massa.

Com relação ao primeiro aspecto pode-se dizer o seguinte: a cultura de massa tende a estandardizar-se, ou seja, a tornar-se padronizada porque seu objetivo é agradar ao gosto médio, criando, dessa forma, uma clientela indiferenciada. A principal meta é o lucro. Aparentemente, porém, a questão das diferenças de classe social parece desaparecer. Mas, efetivamente, não desaparece. Embora na cultura de massa exista realmente a tendência à estandardização, isso não é o suficiente para democratizar nem a produção nem o consumo dos produtos culturais.

Se fosse, qualquer cidadão, independentemente da sua classe social, poderia comprar um produto destinado ao consumo apenas da alta burguesia. E, na verdade, os homens especializados em marketing do consumo sabem muito bem disso. Eles sabem que o produto se democratiza apenas na aparência. Na essência, a diferença de qualidade se encarrega de diferenciar o consumo também por meio do preço. Vejamos alguns exemplos, iniciando pelo vestuário: logo que a moda jeans chegou ao Brasil, era quase um monopólio da classe média e da alta burguesia. A industrialização da produção, porém, logo a tornou acessível a todas as pessoas. Assim, o proletário, o gerente de banco e o industrial, indistintamente, passaram a usar jeans. Era fácil (e agora mais ainda) em qualquer lugar encontrarmos lojas oferecendo os mais variados tipos de jeans e com preços diferentes.

Em São Paulo, por exemplo, quem passar pela região próxima à antiga rodoviária encontrará calças, saias, camisas e jaquetas jeans penduradas em armações de guarda-chuvas expostas na calçada com preços considerados verdadeiras "pechinchas". Ao mesmo tempo, as lojas elegantes dos shopping centers, localizadas na zona sul da cidade, exibem em suas sofisticadas vitrines jeans a preços muito superiores.

Agora, pergunta-se: por que diferenças tão grandes se o tecido afinal foi democratizado, tecnicamente é a mesma coisa e tornou-se acessível a todas as classes? Ora, democratizou-se o produto, mas não sua qualidade. Ocorre, da mesma forma que com o jeans, com outros produtos como o tênis, o sapato, enfim, com grande parte do vestuário. Outra parte, porém, o seu consumo, nem chegou a ser democratizada. No lazer, o mesmo caso do jeans acontece com o disco, o cinema e muitas outras formas de lazer.

Assim, apesar de a cultura de massa dirigir seus produtos indistintamente às classes sociais, ela o faz estratificando a qualidade. E só dessa forma ela poderia ter sucesso. Os especialistas em marketing sabem muito bem que não podem, apesar de tudo, ignorar a cultura de classe. Esse é, como vimos anteriormente, um dos elementos fundamentais para identificar social e economicamente o cidadão. É uma lei social da qual o próprio homem não prescinde.

O segundo aspecto diz respeito às repercussões sociais do consumo e às implicações políticas e ideológicas da cultura de massa. Essa questão é uma das mais polêmicas no estudo da sociedade de massa. Aqui os estudiosos se desentendem, brigam, protestam, esbravejam, e o que é pior: não chegaram, até agora, a um consenso. Mas não se preocupe, isso não é grave. Falaremos dos dois grandes grupos que possuem opiniões diferentes. Você analisará em detalhes e, depois disso, é claro, formará uma opinião a respeito do assunto. De minha parte, por enquanto, desejo apresentar as duas concepções.

Vejamos o primeiro grupo:

Na Alemanha dos anos 1930, um grupo de intelectuais da cidade de Frankfurt voltou-se para o estudo crítico da nova ordem social que surgia: a sociedade de massa. Com formação científica extremamente sólida e sofisticada, a Escola de Frankfurt, como é conhecida, examinou profundamente as repercussões sociais, políticas e ideológicas dos veículos de comunicação em alguns países europeus e nos Estados Unidos.

Eles estavam preocupados, na verdade, com o uso que os agentes da cultura de massa vinham fazendo da cultura popular. Já de início não gostaram da expressão "cultura de massa" e propuseram outra "indústria cultural", hoje plenamente consagrada nos meios acadêmicos. Para Theodor Adorno, um dos pensadores da Escola de Frankfurt e autor dessa última expressão, o termo "cultura de massa" poderia levar as pessoas a confundir essa cultura com a cultura popular.

CULTURA

Antecipando-se a esse possível e grave equívoco, o autor escreveu um trabalho cujo título é *A indústria cultural*, mostrando que esta nada tem a ver com o a cultura popular, que dela se distingue radicalmente. Enquanto essa cultura reflete uma criação, manifestação espontânea por meio das artes, do lazer e de todas as formas de sociabilidade, a cultura de massa tem outros objetivos. O principal deles é o lucro. Para consegui-lo, seus agentes adaptam toda espécie de produto ao consumo das massas. As conseqüências desse empreendimento são as mais graves possíveis. Segundo Adorno, acontece o seguinte:

1. A indústria cultural padroniza o gosto do consumidor tirando-lhe, inclusive, o senso crítico. Transforma-o em objeto seu, incentivando-o ao consumo e, ao mesmo tempo, trata-o como se ele fosse o sujeito dessa indústria. Nesses termos, as massas não são o mais importante, mas atuam apenas como elemento secundário. Merece mais atenção o lucro que elas possam dar do que qualquer outra coisa. Inclusive a própria massa.

2. Quando a indústria cultural reproduz em grande escala, em produção industrial mesmo, obras de arte da cultura erudita e da cultura popular, ela está prejudicando as duas. Isso porque a arte erudita perde a sua serenidade, a função transformadora que deve ter, ao ser banalizada pela produção industrial, tornando-se apenas um objeto de adorno, de decoração.

Os teóricos chamam de *kitsch* toda reprodução mecânica, cópia ou imitação de obra de arte. E eles não a consideram arte. Há até estudiosos, como o americano Dwight MacDonald, adepto das teorias da Escola de Frankfurt, que vai um pouco mais longe. Ele não só não a considera arte, como ainda classifica-a de antiarte. São também considerados *kitsch* os objetos que perdem sua função específica. Por exemplo, a frigideira com termômetro pendurada na parede, o antigo ferro de passar roupa transformado em vaso de flores, o pingüim sobre a geladeira e assim por diante.

Enquanto a arte erudita perde sua serenidade, a arte popular perde a sua própria identidade, suas características de arte rústica e reveste-se da função de produto de consumo fácil porque a indústria cultural passa a ter o controle total sobre essa arte.

Há, finalmente, um terceiro aspecto que quero acrescentar.

3. A ideologia da indústria cultural torna as pessoas conformistas, substituindo a consciência crítica pelo incontido desejo de consumir produtos e por tudo que veicula essa indústria. Os reais interesses do homem estão condicionados aos interesses da indústria cultural. Ela impede que os cidadãos se tornem autônomos, independentes, capazes de julgar e decidir conscientemente. Com o monopólio que exerce sobre a sociedade e, por decorrência, sobre o próprio indivíduo, veiculando a informação escrita, falada e televisada, determinando o consumo de produtos culturais, dos objetos etc., a

indústria cultural transforma-se, finalmente, no engodo das massas. A relação democrática entre o consumidor e a indústria cultural, portanto, não existiria.

Está aí, nesses três itens, uma visão geral do que pensavam a Escola de Frankfurt e, mais especialmente, Theodor Adorno sobre a cultura de massa e a sociedade contemporânea. Como se pode observar, há um pessimismo muito forte e presente a todo momento nas análises desse pensador quando se refere à indústria cultural. Junto com ele e suas idéias, seguiram muitos outros estudiosos da sociedade e da cultura de massa. Atualmente, o pensamento da Escola de Frankfurt continua gozando de muito prestígio, principalmente dentro das universidades. É bem verdade que a visão pessimista, quase caótica, que Adorno tinha da indústria cultural foi sensivelmente amainada. É preciso ver também que seu trabalho intitulado *A indústria cultural* foi escrito em 1947. Aliás, convém registrar um aspecto importante: em 1967, Theodor Adorno escreveu um trabalho intitulado *Revendo a indústria cultural*. Nesse ensaio, o pessimismo do autor já não era o mesmo. Ele admitia que o cidadão poderia resistir aos efeitos manipuladores da indústria cultural "até certo ponto", o qual, porém, Adorno não chegou a especificar. Faziam parte ainda da Escola de Frankfurt pensadores como Herbert Marcuse, Walter Benjamin, Max Horkheimer, entre outros.

O segundo grupo a que me referi anteriormente tem uma concepção da cultura de massa exatamente oposta à da Escola de Frankfurt. Seus principais representantes são Edward Shils, Daniel Bell e Alan Swingewood. Conhecidos como o grupo "progressista/evolucionista", esses autores defendem a cultura de massa, entendendo-a como democrática e pluralista, onde a vida social é fortalecida e não empobrecida, visto que, a partir dela, grande parte da população, pela primeira vez em sua história, tem oportunidades reais de participar, de integrar-se numa cultura de massa realmente democrática.

Para eles, no passado, a população pobre era quase toda analfabeta e não tinha a mínima chance de vir a aprender a ler e a escrever, senão por meio da popularização da cultura via veículos de comunicação de massa. Nessa época, apenas uma pequena parcela da população formada pelas classes superiores participava das atividades culturais, monopolizando a produção e o consumo do saber.

Essa participação real do indivíduo na cultura aumentaria também a influência de todos os estratos sociais nas decisões políticas e sociais que o Estado deve tomar. Ao contrário das sociedades do século passado, mergulhadas na pobreza, na ignorância e na prepotência dos monopolizadores da alta cultura, hoje as classes dominadas possuem força política para rejeitar as teses dominantes. O controle social e político que era feito antes não pode ser realizado hoje. Os veículos de comunicação, produto da sociedade de massa democrática, denunciam essa barbárie.

Nessas condições, o rápido desenvolvimento da tecnologia, o crescimento da instrução entre as classes dominadas, a real participação dessas classes nas decisões políticas do Estado (ainda que de forma indireta, como entendem os progressistas/evolucionistas) e o grande crescimento das comunicações democratizaram a sociedade contemporânea. Não brutalizam as massas, como dizem os teóricos da Escola de Frankfurt.

E, finalmente, quero acrescentar que o grupo progressista/evolucionista não aceita o argumento dos teóricos de Frankfurt de que a reprodução mecânica em escala industrial cria sempre um rebaixamento dos padrões culturais. Para eles, por exemplo, um romance de Guimarães Rosa ou Machado de Assis não perderia sua qualidade literária só por ter sido reproduzido milhares de vezes e, ao mesmo tempo, ser vendido na mesma livraria de uma estação rodoviária ou ferroviária ao lado de um livro de Adelaide Carraro ou de Cassandra Rios. Da mesma forma, um disco como as *Bachianas* de Villa-Lobos, se comprado no supermercado ou na loja de discos da avenida São João, manterá a mesma qualidade do que se fosse comprado numa loja de discos especializada em música erudita. Uma sinfonia de Villa-Lobos, independentemente do lugar onde seja comprada.

Estão aqui, em rápidas palavras, as concepções do grupo Progressista/Evolucionista sobre a sociedade e a cultura de massa. Como se vê, elas são extremamente diferentes das da Escola de Frankfurt. São duas posições conflitantes e polêmicas ao mesmo tempo.

Em síntese, a Escola de Frankfurt entende que a sociedade de massa não tem um centro moral, um código de ética capaz de respeitar os direitos, a vontade e a autonomia do cidadão. A indústria cultural, longe de democratizar e humanizar o consumo de bens culturais, torna o consumidor um títere, um dependente do capital. Parece fora de dúvida que os frankfurtianos têm razão em certas questões, apesar do inegável radicalismo. Essa razão, aliás, ganha mais força quando Adorno abandona em parte seu pessimismo anterior sobre a indústria cultural.

Os progressistas/evolucionistas, por sua vez, apresentam uma tese irrefutável: realmente, com o desenvolvimento tecnológico e o avanço admirável das comunicações, a sociedade de massa, fenômeno característico do século XX, tem elementos suficientes para propagar a informação

Tecnologia da comunicação.

CULTURA

e melhor divulgar o conhecimento. Não há dúvida sobre isso. De outro modo, é preciso ter muito cuidado. A propagação do conhecimento e da cultura não significa, necessariamente, a democratização da cultura, como quer esse grupo. Ele não percebeu (ou pelo menos não deu a devida importância) a dimensão política e ideológica da cultura de massa. É indiscutível que a informação dos veículos de comunicação tanto pode ser real, honesta, como manipuladora. Disso ninguém duvida. Ela pode também ser formadora do gosto, da vontade e da própria consciência do cidadão. Quero finalizar essa discussão dando um exemplo exatamente sobre o que estou falando: em meados de 1980, a novela *Água viva* estava exibindo um dos seus capítulos quando uma das personagens, balconista de uma butique, disse não gostar da cor roxa. Pois bem, justamente naquele ano a cor da moda era o roxo e as lojas tinham grandes estoques da cor. As conseqüências são previsíveis, é claro. O resultado depois da frase na novela foi o seguinte: os estoques de roupas roxas ficaram sem compradores e encalhados nas prateleiras. Preocupados com a possível repetição desse fato noutra ocasião, algumas butiques cariocas resolveram, juntas, redigir um documento à Rede Globo de Televisão, em que pediam mais atenção com as palavras veiculadas no vídeo, em face da força das suas mensagens.

Você teve, até o final deste capítulo, uma visão global do que é cultura de massa. O assunto é polêmico e a cada dia tende a tornar-se ainda mais complexo. Cabe a nós, entretanto, na condição de povo, de massa, pensarmos e repensarmos muitas vezes sobre as repercussões sociais, políticas e ideológicas da indústria cultural ou, se quisermos, da cultura de massa.

VII. Globalização da cultura ou cultura da globalização?

  Antes de qualquer comentário ou explicação, caro leitor, faz-se necessário pensar na pergunta acima de forma mais detalhada. Sempre que a palavra globalização aparece em um texto, precisamos estar muito atentos ao seu real significado, para não incorrermos em erros nem também induzir outras pessoas a fazê-lo.

  Sendo assim, um dos objetivos neste momento é procurarmos conceituar da forma mais adequada o significado de globalização. A despeito de ser um tema novo, já existe vasta bibliografia sem, no entanto, haver consenso sobre seus conceitos básicos. Até porque a matéria envolve questões que passam por opções políticas e ideológicas e isso complica ainda mais. De outro modo, é claro, torna o debate mais denso e rico. Discuti-lo, portanto, não é uma tarefa fácil, mas é absolutamente necessária.

  De início, temos de registrar o seguinte: quase sempre essa palavra vem acompanhada de algumas metáforas que, se não comprometem seu real significado, algumas vezes não exprimem com precisão o fenômeno em si. Assim, certamente a melhor forma para esclarecer o que é a globalização está mesmo na expressão *aldeia global* do canadense Herbert Marshall McLuhan, em seu antológico ensaio intitulado "A imagem, o som e a fúria", mas também no livro *A galáxia de Gutenberg*, de sua autoria.

  Pode-se dizer que esse autor é o precursor do que hoje os estudiosos chamam de globalização. Toda essa moderna discussão inicia-se justamente a partir do livro, *Guerra e paz na aldeia global*, publicado em Nova York em 1968. De lá para cá, as transformações por que passaram as relações internacionais ainda têm suas bases fixadas nesse conceito. E isso quer dizer, em outros termos, que *aldeia global* significa o avanço do desenvolvimento tecnológico, encurtando praticamente as distâncias entre os povos, os países e a própria civilização.

Nesse aspecto, o processo de comunicação, como previu McLuhan, dar-se-ia de forma instantânea e diretamente entre as pessoas. Naquela ocasião, esse estudioso considerou especialmente a televisão como um meio de comunicação de massa capaz de realizar tal acontecimento. Não por acaso, foi justamente nesse momento que as comunicações internacionais passaram a usar o sistema integrado via satélite.

A partir daí, o mundo estaria integrado não apenas pelo som da voz (algo que o rádio já fazia), mas também pela imagem. Assim, os acontecimentos internacionais, exatamente como previu o autor da inovadora idéia de *aldeia global*, ressoariam instantaneamente em todo o mundo, dando-nos conhecimento dos fatos por meio do som e da imagem.

Passados quarenta anos, com o desenvolvimento das pesquisas em tecnologia da comunicação e da informação (que se pense na *world wide web*), as distâncias tornaram-se ainda menores e, o que é mais importante: este é um processo que continua em curso evolutivo e aperfeiçoamentos imprevisíveis. Não há possibilidade de saber hoje como e quais serão as formas de comunicação em um mundo globalizado (entenda-se plenamente integrado pela informação e comunicação) nos próximos cinqüenta anos.

Impossível, por exemplo, saber se o homem poderá nesse espaço de tempo adquirir uma consciência global planetária, ou até mesmo interplanetária. De concreto e real, no entanto, paira uma grande ameaça às futuras gerações e nós seremos os responsáveis. Estou pensando em um problema ecológico de alta gravidade: o constante, o progressivo e sistemático aquecimento do nosso planeta.

E aqui, em que pese o altíssimo nível de informações em todo o mundo sobre essa questão, os veículos de comunicação não podem fazer mais do que têm feito para evitar este possível futuro tão sombrio. Trata-se, na verdade, de vontade política e de menos volúpia pelo poder. Basta ver, por exemplo, que a mais poderosa nação do mundo, na pessoa do seu presidente, George Bush, não assinou o Tratado de Kyoto, que prevê um acordo mundial para reduzir a emissão de gases poluentes. Lançados no ar, como se sabe, eles desequilibram a atmosfera do planeta e ajudam a destruir a camada de ozônio que nos protege da incidência mais forte das radiações ultravioletas.

Pois bem, mas esse é apenas um exemplo para mostrar que a globalização da cultura tem também seu lado perverso. Aliás, em alguns momentos, ela está de fato, muito mais próxima de uma "cultura da destruição" mesmo do que propriamente como algo possível de promover o bem-estar e a solidariedade entre homens e nações.

Se de uma parte o admirável desenvolvimento de novas tecnologias da comunicação diminui as distâncias entre os povos, de outra parte os homens insistem em aumentar as distâncias entre as nações. Os exemplos desse caso são tantos em nossa contemporaneidade, que seria desnecessário enumerá-los. Apenas para não passar em branco, quero lembrar o caso das diversas invasões que já foram feitas ao Iraque.

Teórico da comunicação e precursor dos estudos midiológicos, o conceito de *aldeia global* na obra de Marshall McLuhan atravessou décadas e permanece entre nós. No entanto, é claro, no decorrer do tempo e com as transformações do quadro político internacional, com o fim da União das Repúblicas Socialistas Soviéticas (URSS), a queda do muro de Berlim, a criação da União Européia, entre outros fatos históricos importantes, vivemos agora uma nova ordem mundial. Se por um lado McLuhan vaticinou a emergência do que chamamos de globalização da cultura, de outra parte seria impossível, para ele ou qualquer outro pensador, saber dos desdobramentos advindos desse fenômeno mundial.

O rápido desenvolvimento tecnológico por que passa a civilização em nossos dias trouxe também sensíveis mudanças, não só na ordem mundial, como já mencionei acima. É que antes da dissolução da URSS, quando menos, havia duas grandes potências que, embora de forma muito tensa (que se pense no período da Guerra Fria), mantinham o equilíbrio político em nosso planeta. Agora não é mais assim, não há mais essa paridade. O que se vê em nossa contemporaneidade é o aumento da desigualdade nas relações internacionais, especialmente nos planos econômico, político e social, com sérias interferências nas questões culturais.

De certo modo, o desaparecimento da URSS é visto em algumas situações e momentos como o fim da luta político-ideológica do capitalismo *versus* comunismo, com a vitória do primeiro. Dito assim, é até possível entender essa questão, mas se mostrarmos alguns exemplos tornar-se-á mais fácil compreendê-la.

Não se trata, pois, da vitória de um sistema político, econômico e social sobre o outro. Trata-se, isto sim, da implosão de um sistema político desenvolvido teoricamente pelo filósofo alemão Karl Marx e proposto pelos partidos comunistas como etapa posterior ao socialismo.

As causas do desaparecimento da URSS são diversas e não é o caso de analisá-las aqui. No entanto, a falta de identidade entre os distintos países congregados e a ausência das liberdades individuais anteciparia o seu fim. É nesse momento que os Estados Unidos se tornam ainda mais hegemônicos. Até porque não têm mais com quem disputar espaço político no contexto internacional.

Mas é aqui também que o termo globalização passa a ter contornos ideológicos mais definidos. Em nome da paz, da harmonia entre os povos e da democracia, aquele país sente-se no direito de desrespeitar as decisões da Organização das Nações Unidas (ONU) e invadir outras nações. Exatamente como fizeram na Antigüidade, os chamados povos bárbaros, visigodos, ostrogodos, francos e hunos, entre outros, que invadiram a Europa. Poderíamos citar diversos exemplos, mas, para não sermos repetitivos, vamos ficar apenas com os casos do Afeganistão, do Iraque e do Panamá – a invasão desse último objetivava prender seu presidente Manuel Antonio Noriega, em dezembro de 1989, sob a alegação de tráfico de drogas.

Assim, o termo globalização precisa também ser analisado sob a perspectiva ideológica. Assistimos em todo o mundo a um complexo processo de interesses econômicos (alguns autores chamam de integração econômica), orientado especialmente pelas teorias do chamado neoliberalismo. Predominam nesses critérios, claro, os interesses financeiros, a desregulamentação dos mercados, a privatização de empresas públicas e por certa omissão do Estado em relação ao bem-estar da sociedade.

Nesse sentido a globalização, como tem-se desenvolvido, é vista por boa parte dos estudiosos e críticos como responsável pelo aumento da exclusão social, do crescimento acelerado da pobreza e do desemprego, especialmente, mas não só, nos chamados países emergentes e do terceiro mundo. Além disso, atribuem-se ainda a esse fenômeno sucessivas crises econômicas em âmbito mundial, que têm levado à falência os investidores mais modestos e as empresas de pequeno e médio capital.

Essa é apenas uma síntese das particularidades que formam aquilo interpretado pelos estudiosos como globalização. Não sem motivo, claro, há toda uma interpretação sobre a sociedade capitalista baseada justamente no que ela tem de mais importante, isto é, a maximização do lucro. Aqui sim, em sua plenitude, reside a ideologia que explica a lógica interna da sociedade de classes e sua respectiva cultura.

No mundo globalizado, as forças produtivas estão em constante processo de interação e, ao mesmo tempo, competindo entre si. Trata-se, como já disse anteriormente, de procurar de forma ininterrupta a multiplicação do capital, isto é, o lucro. Para isso, um dos aspectos mais recorrentes na globalização da cultura é mesmo a concentração do capital por meio da absorção de outros capitais, a fim de formar o que os economistas chamam conglomerado financeiro.

Nesse contexto, porém, acentuam-se ainda os aspectos sociais, políticos, geopolíticos, geoeconômicos e outras sutilezas daquilo que os teóricos entendem por sociedade global, ainda em processo de formação. Assim é que, quando nos reportamos à globalização da cultura e desejamos ser um pouco mais completos em nosso conceito, não podemos deixar de lado alguns aspectos como: a internacionalização do capital, a relação de interdependência entre as nações, as guerras, a religiosidade, o racismo e o próprio conceito de aldeia global.

Os meios de comunicação, com efeito, merecem rápida discussão à parte. Na sociedade global já não se vive mais apenas do tempo e dos fatos reais. A velocidade da comunicação eletrônica contínua *on line* não só eliminou as distâncias, mas também introduziu o homem no mundo virtual. De dentro de casa e diante do computador, podemos acessar via Internet, celebrações históricas, políticas, eventos esportivos e acontecimentos dos mais diversos. Em outras palavras, estamos conectados com o planeta e não mais apenas com os fatos regionais, nacionais ou internacionais mais importantes. Vivemos em uma "sociedade em rede", como bem disse o sociólogo Manuel Castels.

Mas, por alguns momentos, vivemos também a falsa idéia de que desapareceram as fronteiras reais e então podemos quase tudo. Claro, isso não passa de mera ilusão, de um pseudopoder, que não vai além de uma experiência prosaica e fugaz. Pasteuriza-se a realidade e, como diz Jean Baudrillard, nomeia-se o fato virtual como simulacro do real em nosso cotidiano. Se essa situação não é propriamente um engodo, é verdade também que o fato virtual, quase sempre baseado em imagens, serve como sublimação para o fato real. Talvez o melhor exemplo desse caso seja mesmo o universo eletrônico da *second life*, ou ainda das chamadas "salas de bate-papo".

Pois bem, mas além de todos esses aspectos, teríamos tantos outros para tratar acerca da globalização da cultura. De qualquer modo, é preciso entender que, rigorosamente, há alguns desvios conceituais quando pensamos nesse fenômeno. Vem-nos imediatamente à cabeça a idéia de que as pessoas estão realmente integradas, identificadas e participando de quase tudo o que acontece na sociedade contemporânea. Ora, mas isso não é verdade. Se, de uma parte, já começamos a viver em um mundo interconectado (boa parte da população mundial ainda está à margem dessa tecnologia e por isso é preciso cautela), não é menos verdade que significativa parte de grandes contingentes humanos ainda lutam por sua sobrevivência física.

Basta lembrar, por exemplo, de boa parte dos habitantes da África e da América Latina, inteiramente excluídos do processo produtivo. Muitos deles não têm nenhuma idéia do que seja a comunicação eletrônica, muito menos a Internet. Não sem motivos, nesses dois continentes o número de pessoas ligadas a essa rede é insignificante se comparado a qualquer outra região do mundo. Para que isso se torne, de fato, real, será necessária a democratização de toda essa tecnologia eletrônica, como aconteceu, por exemplo, com o telefone celular.

Nessas condições, portanto, melhor do que pensarmos em uma cultura da globalização é sabermos da existência de uma "cultura da tecnologia eletrônica", mas ainda não inteiramente globalizada. Mais da metade da população mundial permanece à margem desse sofisticado universo eletrônico. Este é um dado importante e não pode ser minimizado.

Nesses termos, se uma das principais características do chamado processo de globalização é a revolução tecnológica nas comunicações e na eletrônica, devemos então pensar com mais cautela nessa afirmativa. De outra parte, não há dúvida quanto à homogeneização dos grandes centros urbanos, caracterizando muito bem aquilo que os teóricos chamam de sociedade de massa. A expansão dos conglomerados financeiros, para além dos seus tradicionais núcleos geopolíticos e a hibridização de culturas populares são ainda outros aspectos marcantes do que se convencionou chamar de cultura da globalização.

Destaque-se ainda que, com a dissolução da URSS, desaparece também a organização geopolítica do mundo baseada nas forças político-ideológicas, como acontecia na época da "guerra fria". Agora já não é mais assim. Sua reorganização se faz por meio de alianças e acordos comerciais.

Finalmente, devemos pensar em uma sutil e importante diferença entre "globalização da cultura" e "cultura da globalização". À parte todas as notórias questões político-ideológicas que envolvem esses dois conceitos, podemos ainda registrar o seguinte:

A globalização da cultura é um fenômeno que acontece de cima para baixo, por força do capital. Algo muito semelhante ao antigo, mas não menos contemporâneo conceito de subdesenvolvimento, surgido ainda na década de 1960. Por meio dos veículos de comunicação de massa e tendo como padrão ideal o país hegemônico, passamos a consumir um modelo de cultura essencialmente comercial, que os estudiosos chamam de cultura de massa. Trata-se, como vimos anteriormente, de uma cultura pasteurizada, atomizada e que chega a todos os países do mundo, exceção feita àqueles de orientação comunista.

Não nos surpreende, por exemplo, encontrarmos crianças vestidas de *superman*, homem-aranha, *barbie*, ou qualquer outro super-herói, saboreando seu sanduíche predileto ou chupando sorvete em uma das lojas

Mcdonald's. A moda, a culinária, a música, o cinema e a própria forma de se apresentar socialmente, entre outras coisas, orientam-se especialmente pelo padrão norte-americano de ser. Essa tendência, porém, não é nova. Ela já vem desde o início dos anos 1950, quando aquele país realmente assumiu a hegemonia do capital em todo o mundo. O fenômeno chamado globalização da cultura apenas consolida toda essa trajetória.

Não é à toa que a cultura urbana norte-americana (especialmente de Nova York, mas não só) é freqüentemente associada a uma "cultura da modernidade". Isso, claro, de alguma forma cria certo fascínio sobre milhões de pessoas. A inegável opulência econômica e essa imagem da "cultura da modernidade" (seja verdadeira ou não) passam então a ser referência mundial.

Ao lado de toda essa força mítica e do capital, devemos considerar também a incontestável presença dos veículos de comunicação de massa com suas mensagens sedutoras, que fascinam, comovem e influenciam multidões em todo o mundo. Vista assim, portanto, a globalização, especialmente no tocante à cultura, não deve ser interpretada como um processo natural e espontâneo. É preciso pensar nisso quando tratarmos das questões culturais no processo de globalização.

Algo semelhante pode-se dizer quando nos referimos à economia. Estamos diante de um novo sistema de relações sociais baseado na acumulação do capital que, como mostram os estudos recentes, cria a incerteza e a insegurança. A garantia de emprego do trabalhador já não existe, como bem mostra o sociólogo norte-americano Richard Sennett em seu livro *A cultura do novo capitalismo*.

Assim, o que vemos é a alta rotatividade e, ao mesmo tempo, o trabalhador sem parâmetros, sem saber como se comportar para manter seu emprego. Só seu talento e habilidade profissionais já não são mais elementos suficientes como anteriormente o eram. No universo da economia globalizada, a habilidade para um trabalho específico já não seduz o grande capital. A preferência é para o funcionário polivalente, capaz de desempenhar várias atividades com a mesma competência em todas elas. Podemos até dizer, em outros termos, um funcionário globalizado. Ao mesmo tempo, essas transformações nas relações sociais de trabalho introduzem novas formas de comportamento, uma nova cultura e, por decorrência, desnivelam ainda mais o universo das relações sociais em seu sentido mais amplo.

A nova ordem econômico-social se de uma parte gera incerteza e insegurança, de outro lado estimula o pragmatismo nos homens ávidos pelo sucesso profissional. O próprio tema da obsolescência profissional insere o homem na chamada "sociedade das capacitações". Ele precisa, sobretudo, adquirir habilidades, novas capacitações profissionais para estar à altura das exigências do mundo globalizado. A velocidade com que ocorrem as transformações científicas e tecnológicas obriga à reciclagem ininterrupta de profissionais nesse novo universo.

Nesse quadro, constata-se significativa mudança no cotidiano, na rotina das pessoas e, por extensão, na própria sociedade. A ética e os novos valores do mercado de trabalho, por exemplo, exigem hoje nova postura e novo conhecimento, especialmente dos jovens que nele desejam e devem ingressar.

Neste momento, presenciamos uma verdadeira "concorrência selvagem", onde o que menos conta é a solidariedade. Prevalecem a competição e o individualismo. Sobrevivem os "mais aptos" em seu sentido mais amplo. Em alguns casos, a competência fica à margem de todo esse processo. Preponderam as instâncias de poder, o jogo político da sedução, o nepotismo e até as relações de compadrio.

Pois bem, mas o que vimos até aqui é apenas um dos aspectos da chamada globalização e das relações no meio urbano-industrial. Aos poucos e talvez até de forma imperceptível, o homem vai-se desprendendo de valores fundamentais para sua alma. O tempo torna-se escasso, limitado ao trabalho e aos negócios. As relações pessoais e lúdicas do cotidiano cedem espaço à corrida em busca do capital e da conquista do patrimônio. Situação absolutamente natural e coerente com a lógica da sociedade capitalista. Todos os homens estão competindo, correndo à procura de uma vida melhor no futuro. Nem sempre todos chegam aos seus objetivos. Alguns perdem, outros desistem e outros ainda desaparecem precocemente.

Não foi por mero acaso que o cantor/compositor Paulinho da Viola fez uma das mais belas canções da música popular brasileira nos anos 1970. Em *Sinal fechado*, podemos perceber exatamente o significado do que é viver em uma sociedade globalizada no meio urbano-industrial, cuja coisa mais importante não são as relações humanas, a qualidade de vida, muito menos a solidariedade. É o capital que reina soberano. Nesse ambiente, ele administra as relações sociais sob os olhares cúmplices do Estado, que deseja apenas a manutenção do status quo.

A canção de Paulinho da Viola, ao contrário, é justamente uma tentativa de mostrar o afeto, o amor e a ternura entre as pessoas. Em que pese a importância da sobrevivência material do homem, da necessidade de ocupar seu espaço na sociedade e no trabalho, por exemplo, ele não prescinde de momentos enternecedores. São eles que alimentam nossa alma e nos recuperam psicológica e emocionalmente para continuarmos enfrentando o cotidiano das cidades, das megalópoles, enfim, do que hoje entendemos por meio urbano-industrial. Em outros termos, a globalização em seu sentido mais amplo.

Poderíamos interpretar o diálogo que duas pessoas, provavelmente um homem e uma mulher, em seus respectivos carros, mantêm rapidamente no sinal fechado em algum ponto da cidade. Seria uma interpretação a mais, com a subjetividade que a situação por si só requer. No entanto, caro leitor, considero mais proveitoso que cada um de nós faça sua própria leitura, usando, é claro, seu próprio repertório. E, com essa proposta, não estou pensando apenas em um exercício intelectual. Penso também que as experiências vividas no cotidiano não são iguais entre as pessoas. Portanto, a imaginação e o ato de criação são livres e não há como globalizá-los. Vejamos então o texto poético de *Sinal fechado*:

> Olá, como vai?
> Eu vou indo, e você, tudo bem?
> Tudo bem, eu vou indo correndo
> Pegar meu lugar no futuro. E você?
> Tudo bem, eu vou indo em busca
> De um sono tranqüilo, quem sabe?
> Quanto tempo... pois é, quanto tempo...
> Me perdoe a pressa
> É a alma dos nossos negócios...
> Oh! Não tem de quê
> Eu também só ando a cem
> Quando é que você telefona?

A exploração do espaço sideral.

> Precisamos nos ver por aí
> Pra semana, prometo, talvez nos vejamos
> Quem sabe?
> Quanto tempo... pois é, quanto tempo...
> Tanta coisa que eu tinha a dizer...
> Mas eu sumi na poeira das ruas
> Eu também tenho algo a dizer
> Mas me foge a lembrança
> > Por favor, telefone, eu preciso beber
> > Alguma coisa rapidamente
> > Pra semana...
> > O sinal... eu procuro você...
> > Vai abrir...
> > Prometo, não esqueço
> > Por favor, não esqueça
> > Adeus,
> > Não esqueço, adeus.

Interpretações individuais à parte, o fato é que o texto poético de *Sinal fechado* nos alerta para o aumento da distância cada vez maior entre as pessoas, especialmente no cotidiano das grandes cidades. Essa é uma das principais características das relações sociais no meio urbano-industrial.

De outro modo, é inegável que todos precisamos dos outros. Muito embora, é verdade, só percebamos isso quando vivemos uma situação de insegurança, tristeza, infortúnio ou qualquer outro desencantamento na vida. Nesse momento, a solidariedade humana, tão continuamente subtraída pelo desvairado ritmo do dia-a-dia tende a prevalecer.

Assim, portanto, vivendo o homem em uma pequena aldeia ou na megalópole globalizada, importante mesmo é que ele deixe sempre o "sinal aberto" para as relações humanas fluírem docemente. De fato, assim ele tem grande chance de ser feliz e de realizar suas utopias.

Bibliografia

I. O conceito de cultura

GEERTZ, Clifford. *A interpretação das culturas*. Rio de Janeiro: Zahar Editores, 1978.
LINTON, Ralph. *Cultura e personalidade*. São Paulo: Mestre Jou, 1980.
MANNHEIN, Karl. *Sociologia da cultura*. São Paulo: Perspectiva, 1978.

II. O Estado, o poder e a cultura

ALBUQUERQUE, Guilhon J. A. *Instituição e poder*. Rio de Janeiro: Graal, 1980.
ALTHUSSER, Louis. *Ideologia e aparelhos ideológicos de Estado*. Cidade do Porto: Presença, 1997.

III. A cultura científica

BACHELARD, Gaston. *O novo espírito científico*. Rio de Janeiro: Tempo Brasileiro, 1968.
KUHN, Thomas S. *A estrutura das revoluções científicas*. São Paulo: Perspectiva, 1975.
LOSEE, John. *Introdução à história da ciência*. São Paulo: Edusp, 1979.

IV. A cultura popular

ARAÚJO, Alceu Maynard. *Cultura popular brasileira.* São Paulo: Melhoramentos, 1977.
BOSI, Ecléa. *Cultura de massa e cultura popular.* Petrópolis:Vozes, 1978.
CANDIDO, Antonio. *Os parceiros do rio Bonito.* São Paulo: Livraria Duas Cidades, 1977.

V. A cultura erudita

CANDIDO, Antonio. *Literatura e sociedade.* São Paulo. Companhia Editora Nacional, 1988.
LINTON, Ralph. *Cultura e personalidade.* São Paulo: Kosmos Editora, 1998.

VI. A cultura de massa

COHN, Gabriel. *Comunicação e indústria cultural.* São Paulo: Companhia Editora Nacional, 1981.
MORIN, Edgar. *Cultura de massa no século XX.* São Paulo:Forense, 1984.
SWINGEWOOD, Alan. *O mito da cultura de massa.* Rio de Janeiro: Interciência, 1978.

VII. Globalização da cultura ou cultura da globalização?

CASTELLS, Manuel. *A sociedade em rede.* São Paulo: Paz e Terra, 2007.
IANNI, Octavio. *Teorias da globalização.* Rio de Janeiro: Civilização Brasileira, 1995.
McLUHAN, Marshall. *Os meios de comunicação como extensão do homem.* São Paulo: Cultrix, 2001.
SENNETT. Richard. *A cultura do novo capitalismo.* Rio de Janeiro: Record, 2006.

Este livro foi composto nas fontes Garamond e Lucida Sans
pela Art Style Comunicação e Design
e impresso em offset 75g/m²
para a Global Editora.